JIAOTONG YUNSHUYE YU RENGONG ZHINENG DE
SHENDU RONGHE

交通运输业与人工智能的深度融合

——遗传算法在交通领域的应用

YICHUAN SUANFA ZAI JIAOTONG LINGYU DE YINGYONG

朱 诺 著

东北林业大学出版社
Northeast Forestry University Press

·哈尔滨·

图书在版编目（CIP）数据

交通运输业与人工智能的深度融合：遗传算法在交通领域的
应用／朱诺著．—哈尔滨：东北林业大学出版社，2016.12
（2025.4重印）

　　ISBN 978－7－5674－0980－4

　　Ⅰ．①交…　Ⅱ．①朱…　Ⅲ．①遗传—算法—应用—交通
运输业—研究—中国　Ⅳ．①F512

　　中国版本图书馆 CIP 数据核字（2017）第 015620 号

责任编辑： 赵　侠　刘天杰
封面设计： 宗彦辉
出版发行： 东北林业大学出版社
　　　　　　（哈尔滨市香坊区哈平六道街 6 号　邮编：150040）
印　　装： 三河市天润建兴印务有限公司
开　　本： 710 mm×1 000 mm　1/16
印　　张： 13.25
字　　数： 164 千字
版　　次： 2017 年 9 月第 1 版
印　　次： 2025 年 4 月第 3 次印刷
定　　价： 59.80 元

如发现印装质量问题，请与出版社联系调换。（电话：0451－82113296　82191620）

前　言

本书重点探讨了交通运输业与人工智能的深度融合以及遗传算法在交通领域的应用。全书内容分为两个部分。

第一部分探讨区域公路网络布局及其优化问题。随着社会经济和交通运输的发展，对公路网规划的要求不断提高，使得对有待完善的公路网规划理论展开深入研究尤显迫切。本研究以最优化理论和现代组合优化理论为基础，以系统工程的思想为指导，以我国公路交通运输现状和发展趋势为背景，借鉴已有研究成果，运用国内和国外相比较、理论分析和实证分析相结合、定量分析和定性分析相结合的研究方法，对公路网规划理论的重要组成部分——公路网布局优化进行了系统深入的分析和研究。

首先总结分析了现有公路网等级结构优化模型存在的优化目标选取不当的问题，在此基础上分析并提出等级结构优化的目标，采用新的优化目标对原有的目标规划模型进行改进，并通过东北三省干线公路网等级结构优化实例，对改进模型的合理性进行了分析。

总结分析了公路网结点选择的原则以及结点层次划分方法。分别考虑各结点的交通运输水平和路网交通需求在各结点之间的空间分布情况，对结点重要度及路段重要度模型进行了改进。

针对存在的没有根据公路网的层次有区别地建立布局优化模型的弊端，应用组合优化理论和双层规划模型分别建立了适合国家级公路

网的路线布局组合优化模型和适合省、市级公路网的路线布局双层规划模型，并通过实例分析了模型的合理性。

分别应用线性加权和法和乘除法将公路网络路线布局组合优化模型及双层规划模型转化为单目标优化模型。将遗传算法应用于公路网络路线布局优化问题，采用 Matlab 语言的遗传算法工具箱求解大规模的公路网络路线布局组合优化模型，该算法同样适用于公路网络路线布局双层规划模型中上层优化模型的求解，克服了常规算法难以求解大规模优化问题的局限性，并通过实例分析验证了算法的优越性。

在借鉴现有的公路网部分技术评价指标的基础上建立了公路网布局技术评价指标体系，从而验证公路网路线布局优化模型的合理性和可实施性，使得规划公路网与社会经济发展相适应、相协调。

第二部分研究带同时取货和送货的车辆路径优化问题。随着物流业向全球化、信息化及一体化发展，配送在整个物流系统中的作用变得越来越重要。其中，运输线路是否合理直接影响到配送成本和效益，选取恰当的车辆路径方案，可以提高服务质量，增强客户对物流环节的满意度，因此车辆路径优化问题得到了学者和物流企业的高度关注。

传统的车辆路径问题只考虑了车辆运行中单纯的取货或者送货的过程，而带回程取货的车辆路径问题则多数要求车辆先服务送货客户节点，后服务取货节点，即车辆只在配送过程中完成送货任务，在配送回程的过程中完成取货任务，没有将取货和送货结合起来考虑，造成了运输路线的迂回，加大运输成本。这里所研究的同时带取货和送货的车辆路径问题（Vehicle Routing Problem with Simultaneous Delivery and Pickup，VRPSDP）没有取送货先后顺序的要求，将运输过程中的送货与取货过程作为一个整体进行考虑，减少了车辆运输距离，提高了企业经营效益。

本研究首先论述了车辆路径问题的基本理论及其常见求解算法，然后在此基础上考虑到车辆启用数量和车辆运输总距离对运输总成本的影响，建立了以运输成本最小为目标的 VRPSDP 数学模型，确定了遗传算法作为模型的求解方法，设计了更适合于求解 VRPSDP 模型的染色体编码方式以及遗传算子。最后，应用修正的 Solomon R101 算例进行仿真实验，分别求出基本遗传算法和改进遗传算法下的最优目标函数值与最优车辆路径安排方案，通过对两种算法的对比分析验证了所建模型及求解算法的有效性和合理性。

目　录

第一部分　区域公路网络布局优化研究

第二部分　带同时取货和送货的车辆路径优化研究

第一部分

区域公路网络布局优化研究

1 绪 论

1.1 公路网规划的定义

所谓"公路网规划",包含了两层含义:第一层含义是指对一个国家或地区(以下在不注明的情况下,统称区域)公路建设发展所作出的全面、长远的安排,也即该国家或该地区的公路网规划方案或文件;第二层含义则是指设计产生公路网规划方案或文件的过程,包括其步骤、内容、方法、模型等。

作为公路网规划的方案或文件,应包括规划期内区域公路网发展的目标、公路网建设规模、网络布局、等级配置、建设时序以及配套的政策、策略和措施等;作为公路网规划的过程,是将区域的公路网络作为一个整体,通过对现状公路网络的分析、评价(诊断)以及对未来区域社会经济发展、客货运交通需求及公路建设投资的预测,拟定合理可行的公路网建设规划方案,确定区域公路网规模、布局、建设时序及配套政策、措施等,以指导区域公路建设、改造这样一个过程。公路网规划系统工程如图 1-1 所示。

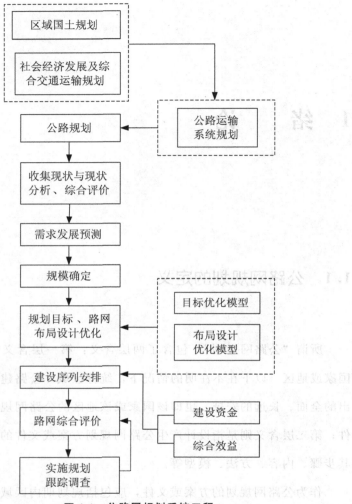

图 1-1 公路网规划系统工程

公路网规划是区域综合运输规划的一部分，也可作为一个专项规划进行专门研究和编制。区域综合运输网络是支撑国民经济发展的重要基础设施，它包括铁路、公路、水运、航空及管道运输五种运输方式，各种运输方式各具特点和优势，各自适应一定条件，但又可相互转换、协同、互补、联结成一个综合运输网络。为了保障国家和地区国民经济的健康发展，充分发挥各种运输方式的特长及其互补优势，合理利用资金和资源，必须将区域运输网络作为一个整体系统来研究、规划，即必须首先做好国家和地区的综合运输规划，从综合运输、协调发展的角度，对未来区域内各种运输网络的结构、规模、布局及相互衔接关系做出总体部署。其中必然包含了未来区域公路网在综合运输网中的地位和作用的确定，公路网建设规模、总体布局及与其他运输方式的衔接等的部署。而作为专门性的公路网规划之所以必要有两方面的原因：一方面，区域运输规划是对区域综合运输网发展建设的总体部署，它比公路网规划更宏观、更原则，是更高一级的控制。但在指导区域公路网建设时它只能作为控制性的纲领或框架，公路网的详细布局、等级配置、建设时序等，只有通过公路网规划进行深入的分析、论证才能奏效；另一方面，近年来我国区域综合运输规划虽然取得了一些进展，如长江三角洲综合运输网络规划、图们江地区运输网络规划等。但从总体上讲，这方面的工作还很薄弱，有些地区只是定性的轮廓性描述，许多地区尚没有综合运输规划。因此，为了正确指导和控制各地区公路，网络发展，必须做好各地区的公路网规划。

1.2 研究背景

交通运输是社会经济发展的基础，是保证社会经济活动得以正常进行和发展的前提条件。综观世界各国经济和交通发展的历史都不难看出：凡是经济、文化和科技发达的国家或地区，都有先进发达的交通运输作保证；反之，凡是交通闭塞、落后，经济、文化和科技就不能顺利发展。所以，随着社会经济的发展，对交通运输提出新的、更高的要求是必然结果。交通运输状况如何，已成为衡量一个国家和地

区经济水平的主要标志之一。在所有的运输方式中，公路运输以它的机动、灵活、快速、便捷、门到门服务的特点，成为交通运输体系中的重要组成部分。随着近年来我国国民经济结构的调整，我国进入全面建设公路的新时期，全国各地都在大规模建设公路。随着社会经济的发展，公路运输优势作用已日益发挥且逐步占据了主导地位。

大规模的公路建设离不开科学的公路网规划。实践证明，系统、有针对性的公路网规划对科学、合理地建设和管理公路具有重要作用。就全国公路网而言，回顾过去几个五年计划的执行情况，我国公路建设之所以取得巨大成绩，一条非常重要的经验是制定了符合实际的长远发展规划，坚持按规划组织实施，并且在实践中不断深化和充实。曾先后制定了国道网布局规划、国道主干线系统布局规划和国家重点干线公路布局规划。其中，国道主干线系统布局规划和国家重点干线公路布局规划都是为适应社会经济环境的不断变化和满足交通事业发展的需要，在国道网的总体框架下，根据不同的社会经济背景和公路交通发展形势，为解决不同层面、不同性质的问题与矛盾而采取的阶段性的发展步骤。

尽管我国已经制定了上述路网布局规划，但由于公路网布局规划理论存在一定的缺陷和不足，使得我国公路网在布局上仍存在一些问题，主要表现在：路网结构仍不够合理，高等级公路比重低，高速公路尚未成网。尽管我国公路网已经形成了国道网、省道网、县乡道路网体系，但从路网等级结构看（图1-2），我国公路网整体上还是以三、四级公路为主，公路网中二级以上公路只占13.35%，四级公路所占比重达47.14%，除此之外还有大量的等外公路存在。

我国高等级公路近几年发展很快，已进入了大规模建设高等级公路的阶段。但从整体来看，尚未形成密度适当、有效连接的全国性高速公路网络，难以充分发挥规模效益，制约了公路运输向中长途运输领域拓展的空间。同时，在国省干线公路建设中，与高速公路相连接的一般干线公路建设滞后，技术标准低，影响了全国骨架公路功能与作用的发挥。

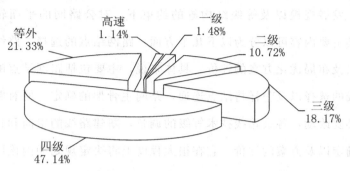

图 1-2 我国现状公路技术等级结构（2012 年）

跨入 21 世纪，我国将进入全面建设小康社会、加快推进社会主义现代化的新阶段。展望新世纪，我国将面临国民经济持续高速增长、经济结构调整步伐加快、人民生活水平继续提高、经济全球化趋势显著增强、区域经济协调发展以及城市化进程不断加快的发展形势。社会经济的快速发展，将对公路交通提出更新更高的要求，同时也使公路交通面临更大的压力和挑战。为迎接新世纪的挑战，公路交通必须要有新的发展思路、目标和举措，这对作为公路建设的宏观指导工具的公路网布局规划理论提出了更高的要求。所有这些使得对公路网布局优化理论的研究更加必要和迫切。

1.3 研究目的和意义

1.3.1 研究目的

公路网布局优化是在一定的约束条件下，通过确定优化目标、建立优化模型，采用适当的方法选择规划线路将选定的控制结点连接起

来，形成区域未来公路网规划方案的过程。它是在对公路网远景交通需求进行预测进而确定了公路网的合理发展规模后，在公路网的建设资金、发展规模以及等级结构等的约束下，对公路网的平面轮廓设计。其主要内容可以分为以下几个方面：路网结点的选择、路线布局优化以及布局优化方案的评价。具体来说，主要包括路网结点的选择和路线的选择以及怎样将结点连通，路网主骨架的确定，原有路线走向的必要改动，各条路线技术等级的调整，新建路线的走向和技术等级的确定以及方案的评价。它在很大程度上将决定规划期内该区域的公路建设方向和建设规模。

"十二五"期末，公路网布局优化理论日益成熟和完善。然而，随着对公路网规划和建设要求的不断提高，原有的布局优化模型与方法是否仍然适用值得分析和研究。从公路网的建设和发展来看，随着我国对公路交通运输问题的日益重视以及对公路建设投入的日益加大，我国的公路建设突飞猛进，对公路网的作用、功能等的要求也越来越高。公路建设在缓解交通压力、满足交通需求的同时，越来越追求出行的快捷、行车的舒适、安全、快速和节能。从这个意义上来说，公路网路线布局优化的目标需要扩展；同时，当公路网的层次不同时（如市域公路网和国家干线公路网），路线布局优化的目标、所考虑的因素和侧重点也应有别，因而公路网路线布局优化的目标和优化模型应根据公路网的层次来确定。而在实践中，不同层次的公路网在进行路线布局优化时，没有根据公路网的特点、公路网所属层次确定布局优化的目标并建立适合本层次公路网的布局优化模型，而是多采用同一种目标和模型。除此之外，在进行布局优化方案评价时所采用的个别评价指标有待研究，新的评价指标有待提出。

可见，原有的布局优化理论有待进一步研究和深化。为此，本部分拟在总结国内外现有研究的基础上，对公路网布局优化问题进行深入研究，内容包括公路网结点的选择、路线布局优化以及布局优化方案的技术评价三个方面。在研究公路网路线布局优化时，拟分层次分别研究适合国家级公路网以及省、市级公路网的路线布局优化模型。其中，国家级公路网如国家干线公路网、国家高速公路网、国道主干线公路网、国家重点干线公路网；省、市级公路网如省域干线公路网、市域公路网。这些公路网在进行路线布局优化时的目标不同，考虑的侧重点不同，因此有必要分别研究。由于公路网等级结构影响并决定路网的路线布局，因此本部分将路网等级结构作为路网路线布局优化时的一个约束条件，首先对公路网等级结构优化的目标及模型进行研究，在此基础上，研究公路网结点的选择、公路网路线布局优化的目标、模型、求解算法，以及公路网布局优化方案的技术评价指标，以反映和适应公路网自身发展及路网使用者的越来越高的要求。

1.3.2 研究意义

在交通运输体系中，公路既可以作为一种独立的运输方式，同时又是其他运输方式的有效补充，能够兼顾各种运输多方面的基本要求。公路交通方式已经日益显示出其重要地位和作用。为此，我国必须大力发展公路基础设施建设；由于公路建设项目规模大、投资多，同时牵涉到社会经济的各个方面，因此如何科学合理地建设公路，如何以最小的代价来缓解公路运输的供需矛盾，使资金得到合理使用，并发挥最大的经济社会效益，一直是人们致力研究的热点，也是我国今后公路建设的关键之一。公路的合理建设始于规划，做好公路网规划的理论研究工作进而指导建设实践，是发展我国公路交通的前提和基础。作为公路网规划的重要组成部分，公路网布局优化无论在理论研究还是在实践中都一直是人们关注的焦点。在我国特定的国情下，如何合理利用建设资源和资金，使公路网的布局结构达到最优，使得最少的投入能够获得最大的效

益，是公路网布局优化理论面临的一个挑战和急需解决的关键课题。可见，深入研究公路网布局优化理论具有重大的实际意义。

在充分把握未来可能发展趋势的基础上，研究并运用最新的优化理论，优化资源配置，是我国国民经济各行业普遍的热点课题，同时也是国际研究和发展的普遍趋势。本部分的研究是针对我国公路网规划的实际，并建立在对现有布局优化理论进行分析和借鉴的基础上的。因此，本书将有助于扩充和完善现有的公路网规划理论，必将对公路网布局优化理论的研究和发展产生深刻而积极的影响，并将更好地指导公路网规划实践。

1.4 国内外研究概况

1.4.1 国外研究发展概况及趋势

在 20 世纪七八十年代及以前，国外在进行公路网路线布局时采用的方法主要有经验调查法、数理解析法以及四阶段法。经验调查法也称专家论证法，是由专家构思、集体共议献策，经过有限的调查和研究测算，最终由领导决策确定路网方案的一种方法。四阶段法是以微观经济学理论为基础发展起来的一种集交通预测、路网规划为一体的方法，其核心是以交通生成、交通分布、交通方式划分和交通分配为内容的交通需求预测理论，而路网布局理论与方法则相对薄弱。数理解析法由苏联一些经济地理学家提出，该法是借鉴几何原理和力学原理，以提高运输效率、缩短运输里程为目标推导出来的，可用于初始网络的拟定或小规模新开发地区的路网规划。20 世纪七八十年代以后，由于计算机技术的发展，大规模运算已经成为现实，对于一个具体区域的公路网，其路线布局方案可以有多种，在诸多方案中进行优选成为可能，如何最大限度地优化方案成为公路网路线布局研究的重点和热点[1]。由于经验调查法缺少科学的依据和足够的定量分析，加之人为的主观因素较强，因而难以实现路网布局方案的优化。数理解析法则缺少系统分析和整体优化。而四阶段法侧重于路网交通需求分析及预测，路网布局优化理论薄弱且存在许多问题，这些使得它们虽然仍在应用，但更多的是用于路网的布局规划而不是布局优化。与此同时，一个新的研究方向出现并迅速发展起来，这就是网络设计问题（Network Design Problem . NDP）。NDP正在逐步形成包括城市道路网在内的一个范围更广、更新的研究方向[2][3][4]。NDP具有广阔的研究前景，因为它使网络布局工作更加定量化和科学化，方案选择上也更趋于多元化。

按照问题的性质，网络设计问题分为三类[5]：离散性网络设计问题（DNDP）、连续性网络设计问题（CNDP）和混合网络设计问题（MNDP）。DNDP是在现有的交通网络中确定需要新建设的道路；CNDP是在现有的交通网络中确定已有的部分道路应提高的通行能力的优化值；MNDP指既含有DNDP又含有CNDP的NDP。由于MNDP既含有离散性变量又含有连续性变量，因而无论在建模上还是在模型的求解上，其复杂性都大大超过DNDP和CNDP，这或许是关于MNDP的研究极其少见的一个原因，笔者还没有看到一篇关于MNDP的文章。也许是出于同一个原因，一些研究中干脆将NDP分为DNDP和CNDP两类。不论分类如何，这几类设计问题都是在考虑道路用户的路线选择行为的基础上，在资金等条件的约束下，根据选择优化的决策变量获得系统的优化。决策变量影响用户的路线选择行为，这种行为通常由用户平衡模型（UE）来刻画。通常采用两类UE模型：确定性用户平衡模型（DUE）和随机用户平衡模型

(SUE)[5]。

刘灿齐认为，自从 Morlok 首次提出网络设计问题的概念以来，[6]西方学者 LeBlanc，Shefi，Friesz 和 Bell 等对这类问题进行了深入的量化研究，分别提出了描述网络设计的数学模型和相应的诸多算法。Chen，Alfa 和 Gwo-Hshiung Tzeng 等将 NDP 分为目标函数为线性的、非线性的、非线性而解满足用户优化平衡标准这三类[7][8]。对于线性目标函数类：其目标是最小化出行费用和投资费用之和。此时，每个路段的出行时间为常量，不随流量变化。由于目标函数的线性，SO 问题和 UO 问题是一样的。此种类型虽然能得到简化后的解，但与实际出入很大。对于非线性目标函数类：其目标函数和限制条件均与前一类相同，不同的是目标函数是非线性的，出行时间是路段流量的函数，此问题得到的路段流量是整个系统的优化流量，而非 UOE流量。对于第三类：此类型包含双层非线性目标函数。其目标是最小化用户出行总费用并且路段流量必须满足 UOE 条件。这类问题的求解是困难的。

关于 DNDP：LeBlanc 对 DNDP 进行了开创性研究[9]，用分支定界法解具有固定投资的离散性网络设计优化问题。唯一的优化目标是最小化用户出行总费用，而总投资作为约束条件。分支定界法是解整数规划最经典的方法，其有效性在于确定好的边界以减小解空间。然而，好的边界不好确定，解空间的大小也随着网络规模的扩大而成指数增长，限制了此法的应用范围为小型网络。拉格郎日松弛方法可与分支定界法相结合产生优化解。但拉格郎日松弛方法是复杂的，不直观，数学背景不强[10]。Poorzahedy 和 Tumquist 提出一种典型的近似算法用于解 DNDP 的整数规划模型[11]。Boyce，Janson，Chen 和 Al-fa 也对 DNDP 的各种变量和模型进行了研究[8][12]。Yang 和 Bell 深入回顾了 NDP 的模型和算法[13]。另外，Yang 和 Meng 研究了 BOT 网络设计问题并采用双层规划模型模拟[14]。

关于 CNDP：人们一直比较重视对 CNDP 的研究并已经取得很大进展。从数学上讲，双层规划是描述这种带有平衡限制的具有层次性质的 NDP 的一种好技术。其中，上层问题是最小化系统总费用，下层问题是刻画 DUE 或 SUE 交通流模式。一般而言，双层规划问题的求解是困难的，因而设计有效的算法是最富挑战性的问题之一。由于求解的困难性，出现了各种启发式算法用于解 CNDP，以便解决大规模网络设计问题。DUE 路段流量与路段提高的通行能力之间的关系是非线性的和隐含的。为了解 CNDP 及利用导数信息的有关问题，已经有了各种基于敏感性分析的启发式算法，但不可回避的事实是，路段流量与路段提高的通行能力之间的关系可能不总是可微的。另一类启发式算法是迭代优化分配算法（IOA），这种算法通过反复迭代解 CNDP 的上层和下层优化问题。Marcote 和 Marquis 对这类算法进行了详细的性能分析[15]。

由于双层规划的概念能充分解释 NDP 的决策过程，Gwo-Hshiu-ngTzengetal[7]用多目标数学规划来设计连续性网络设计模型，并利用双层规划思想解释并讨论带有多目标决策的网络改进问题，建立了非线性双层规划模型。由于双层规划模型属于难解非多项式确定问题（NP-hard），只能用近似方法解。文中采用结合了约束性算法和 IOA 算法的启发式算法。非线性双层问题具有非凸性，这意味着即使得到问题的解，它可能只是一个局部解而非全局解。因而，文中算法得到的解不能保证是全局最优的，但能被作为近似优化解。Sanjay Melkote 和 Mark S. Dsakin 提出了混合整数规划模型，用于解设施布局和网络设计联合优化问题[16]。

作为公路网路线布局优化的重要约束条件，国外在研究公路网路线布局优化时，无论采用专家经验法、四阶段法、数理解析法还是

NDP，一般不进行专门的等级结构优化，只是根据交通分配得到的路段交通量及路段要求的服务水平等来确定各路段应采用的建设等级。还很少看到国外在这方面的相关研究。

1.4.2　我国研究发展概况及趋势

我国在公路网的路线布局优化模型与方法的研究及应用上，最初经过了采用经验调查法（专家论证法）和苏联的数理解析法的发展历程，以后又逐步引入了四阶段法等西方交通规划理论、方法与模型。与此同时，我国学者也结合国情对公路网路线布局优化问题进行了积极而深入的探索研究，发展了以总量控制法为代表的公路网规划及布局优化理论。我国应用的具有代表性的公路网路线布局优化模型与方法可以归纳为以下三类。

（1）四阶段法：该方法以微观经济学理论为基础，通过现状 OD 调查、交通数据采集和历史资料分析，研究区域经济在时间和空间上的发展对交通需求的影响，建立需求预测模型。把公路网布局规划同经济发展有机地联系起来。这种方法通过对未来交通需求增长条件下各规划路网布局方案的运行分析，如流量、车速、饱和度等技术指标，对布局规划方案进行评价和比选，但对规划方案的产生过程并不能提供技术支持。四阶段法的有效性较多依赖于 OD 流量资料，分析结果偏重于以改善交通运行状况为目的进行网络和线路的优化[17]。在路网布局上，四阶段法是以路段分配交通量结果为依据，提出几种备选方案，然后进行公路网效益计算，并且这种效益只是单一的建设效益。最终在资金约束的条件下，选出一个总效益最大的公路网布局方案[18]。这种布局方法的局限性在于：①路网布局方案的确定缺乏系统性。四阶段法路网布局在进行路段交通量分配以后，主要采用经验调查法进行备选方案设计，即由专家构思、集体共议献策，进行有限的调查和研究测算，最终确定几个路网方案。因此随意性大，难以实现操作方法的规范化和系统化。备选方案经过评价选优以后得到的最终方案，虽然相对于其他备选方案而言是优的，然而由于缺乏理论说明，无法确定最终方案就是唯一最优的。②在方案比选上仅仅选择公路网建设效益为单一目标进行优化。同时，其方案设计仅以路段交通拥挤度大小作为唯一的依据，忽略了公路网方案设计是受社会、经济、环境等多条件约束的产物，往往导致规划方案与实际脱节，不易被决策部门接受。

（2）结点法：这种方法是将路网布局分解成路网结点的选择和路网线路的选择两部分进行。不同地区、规模和不同层次的路网布局对结点的选择可以有不同的依据，其核心是通过交通、经济要素的综合考虑建立结点重要度模型和结点间连线重要度模型，作为网络布局的依据。由于城镇体系发展、土地开发和交通网络之间存在必然的联系，这种方法能够比较好地解释土地利用、交通需求与交通设施之间的关系，可以体现网络的整体服务要求而不仅仅是交通需求。然而，结点选择重要度模型建立过程中定性成分相对较多，无法对线路布局进行优化分析[17][19]。

（3）总量控制法：总量控制法的基本思想是从宏观整体出发，以区域内道路交通总需求来控制公路网建设总规模，以区域内社会经济发展和生产力分布特点来确定路网的总格局和分期实施方案[18][20]。作为一种宏观规划方法，总量控制法的优点是可以科学地把握网络总规模，但总体上属于"供给追随型"规划思想，即根据需求决定"供给"水平，对线路布局和优化缺乏合理的方法[17]。进行公路网布局优化时，有的把单位里程的路段重要度最大作为优化目标，公路网的规划总里程作为约束条件，布局模型不够确切，因为每个单位里程的路段重要度最优之和并不等于整个路网的重要度最优[20]。有的把路网的

重要度最大作为优化目标，建设资金、公路网发展规模、政策等条件作为约束条件，建立 $0\sim1$ 整数规划模型[18][24]。有的只是进行结点的聚类分析，然后根据经验将不同层次的结点连接起来[21]。有的先应用图论理论分块得到公路网的最优树，然后增补附加联络线，最后将各块合并得到最终的布局优化方案[22]。还有的将路网中各结点的吸引度之和作为路网的吸引度，并把路网吸引度最大作为优化目标，同时满足公路网发展规模、建设资金等约束条件[23]。从这些优化目标和方法所反映出来的含义来看。这些布局优化的过程和结果将是：结点按照在社会经济等意义上的重要程度依次被选择并参与布局，直到达到公路网的发展规模。这样优化的结果很可能是只将公路网中最重要的结点相互连接起来，构成路网的主骨架。实际上，路网布局的范围不应该仅限于主要结点之间的连通，还应该对其他普通结点给以必要的连通。从这个意义上来说，上述布局优化的目标有失偏颇之处。除此之外，在模型的求解算法上，大规模路网布局优化问题的求解算法一直是富有挑战性的课题。

在公路网等级结构优化模型与方法上：我国主要有两类公路网等级结构优化方法，一类是单目标优化方法，另一类是多目标优化方法。单目标优化方法的主要思想是首先根据公路网的规划要求确定公路网等级结构所要达到的最终目标，然后在公路网建设资金和公路网合理发展规模等条件的约束下，建立反映此目标要求的数学模型。由于在进行公路网等级结构优化时所考虑的因素和侧重点不同、对公路网的要求不同，使得不同层次的公路网，其等级结构优化的目标也不尽相同。根据作者所掌握的资料，公路网等级结构的优化目标主要有两种：一种是以建设费用最小为目标，另一种是以路网的总饱和度最小为目标。

吉林大学（原吉林工业大学）和长安大学（原西安公路交通大

学）在各自进行的吉林地区公路运输需求研究及辽宁省北票市（县）域公路网规划研究中分别建立了以建设费用最小为目标的线性规划模型来优化公路网的等级结构[22][25]。哈尔滨工业大学在区域干线公路网规划理论的研究中提出了采用路网的总饱和度最小为目标的等级结构优化模型[26]，认为公路网的等级结构，首先取决于公路网上的交通需求。公路网规划的主要目的之一是使公路网等级结构能够最大限度地满足交通需求，即使得在优化出的等级结构下，公路网的总饱和度为最小。并将各路段的饱和度以路段里程为权所得到的加权平均值作为公路网的总饱和度，据此建立等级结构优化模型。

王晓珂在进行吉林省公路网规划研究时，提出采用目标规划法优化公路网的等级结构[27]，这种方法的实质属于多目标优化方法。其主要思想是从公路网建设的资源和资金的有限性为前提，寻求最少的建设投入，并取得预期的建设目标。在确定各类建筑材料的消耗量及建设资金的目标值的基础上，以水泥、木材、钢材、沥青、土地的消耗量最小、建设投资最少以及交通周转量最大为优化目标，建立多目标优化模型。

上述模型和方法是从相同或不同的角度出发，在分析公路网所应达到的规划目标的基础上得到的，具有一定的科学性和实用性，并已在实践中得到了广泛应用。然而，随着对公路网规划和建设要求的不断提高，原有的单目标优化方法已不能适应公路网的自身发展及路网使用者的越来越高的要求，采用多目标优化方法将是更好的选择。而对多目标优化方法而言，目标的确定是一个关键的问题。不同的优化目标要求公路网所要达到的标准不同，因而将对应不同的公路网等级结构和布局结构。确定合理的优化目标，是多目标优化模型的主要难题和任务。

在评价方法上，国内研究较多的是公路网规划方案的综合评价指

标及模型[28]。对评价方法的研究已经日益成熟，一些评价方法（如专家打分法、层次分析法、模糊综合评价法、多目标综合评价方法、灰色关联系数法以及神经网络方法等）正越来越多地出现在规划方案的评价中[29][30]。在评价内容上，无论是整个公路网系统还是单一的公路建设项目，一般都要进行包括技术评价、经济评价、社会评价及环境评价在内的综合性评价。

1.5　研究方法、内容和框架

1.5.1　研究方法

在研究方法上，以系统的思想为指导，同时注重理论联系实际，结合我国公路网规划和建设的实际，并注意模型的可操作性和实用性。

（1）比较分析方法在研究各部分内容时，借鉴国内外已有的研究成果，运用国内和国外相比较的分析方法。

（2）系统分析方法在研究公路网等级结构优化的目标和两类公路网布局优化的目标时，采用系统分析的方法，并以我国公路交通运输现状和发展趋势为背景。

（3）理论分析和实证分析相结合方法结合公路网布局优化理论的现状，应用优化理论进行理论分析，构建公路网等级结构优化模型及路线布局优化模型，并通过实证分析的方法研究模型的合理性。在研究路线布局优化模型的求解算法时，除进行理论分析外，还通过实证分析的方法研究算法的有效性及优越性。

1.5.2 研究内容

本部分的研究内容分为以下几个方面。

1.5.2.1 公路网结点选择研究

总结分析各类公路网结点选择的原则以及结点层次划分方法，考虑各结点的客货运输水平，对结点重要度模型进行改进。

1.5.2.2 公路网等级结构优化的目标规划模型研究

不同的路网等级结构将对应不同的路网路线布局结构。优化的等级结构是路线布局结构得以优化的前提。因此，公路网等级结构优化是公路网路线布局优化的前提和约束条件之一。本部分首先总结分析现有公路网等级结构优化模型存在的问题，然后分析并提出等级结构优化的目标，以此为依据对原有模型进行改进，并通过干线公路网等级结构优化实例，对改进模型的合理性进行分析。

1.5.2.3 公路网络路线布局组合优化模型及双层规划模型研究

公路网络路线布局优化模型是布局优化理论的重要组成部分。本部分针对存在的没有根据公路网的层次有区别地建立路线布局优化模型的弊端，应用组合优化理论和双层规划模型分别建立适合国家级公路网和省、市级公路网的路线布局组合优化模型和双层规划模型，并通过实例分析模型的合理性。

1.5.2.4 公路网络路线布局优化模型的求解算法研究

当路网层次较低、规模较小时，可采用通常的优化算法求解公路网路线布局优化模型，但当路网为大型路网时，通常的算法则无能为力。为此，必须开发求解大型路网布局优化问题的有效算法。本部分将遗传算法应用于公路网络路线布局优化问题，采用 matlab 语言开发求解大规模公路网络路线布局组合优化模型的遗传算法工具箱，并

通过实例分析验证算法的优越性。该算法同样适用于公路网络路线布局双层规划模型的上层优化模型。

1.5.3 内容框架

本部分内容的框架如图 1-3 所示。

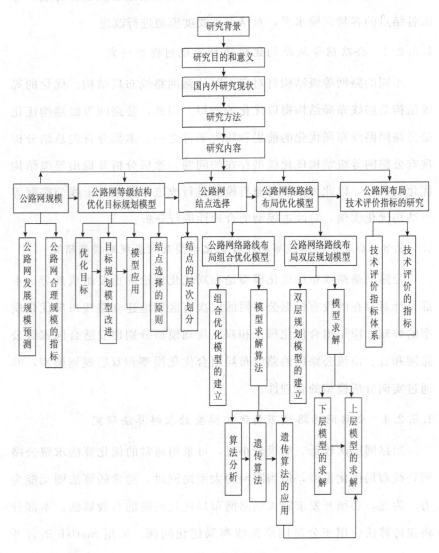

图 1-3 内容框架

2 公路网的合理发展规模

公路网发展规模预测是确定公路网布局的重要依据，公路网的发展规模决定着区域交通的便捷程度，直接关系到经济的发展和社会文明的进步。公路网未来的发展规模，可以从其历史的发展轨迹、未来的社会经济发展要求、建设资金的限制和运输需求的发展等多个方面去考察、分析公路规模的增长趋势，通过建立多种模型和系统分析来进行综合确定。

2.1 公路网发展规模预测

公路网规模预测的方法对于公路网的合理发展规模，国内外许多专家、学者，结合公路网规划的实际情况，做了一定的研究，并取得了一定的成果。主要方法有以下几种。

2.1.1 结构类比法

由于区域发展的程度不同，我国各地区之间的公路建设有相当大的差距，与国外发达地区相比差距更大。在进行公路网规划时，对不同地区就应提出不同的规划目标。为了使这个目标明确化，可以用已

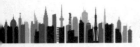

有的成果作参照。例如：规划落后地区时，将其一定时期规划目标定在相当于国内发达地区现有的水平；在规划发达地区时，设定其规划目标相当于国外发达地区现有的水平。这样，就可根据参照地区现状公路建设水平与该地区社会经济发展水平的关系所建立的模型代入规划地区规划时期的社会经济发展指标来预测规划地区的公路建设水平。

根据国内外发达地区所普遍运用的国土系数理论，公路总里程与经济发展水平、人口及国土面积有关，其关系式为：

$$L = K\sqrt{PA} \tag{2-1}$$

式中：L——公路通车总里程，km；

　　　P——人口，千人；

　　　A——面积，$10^3\,\mathrm{km}^2$；

　　　GNP——人均国民生产总值，美元/人；

　　　K——路网系数，$K = a + b \cdot P^{\mathrm{GNP}}$；

　　　a，b——回归系数。

国内外一些国家和地区的人口、面积、经济、公路网通车里程及其路网系数详见表 2-1，利用该表的数据，经回归分析可拟合总公路网系数 K 与人均国民生产总值 P^{GNP} 的关系：

$$K = 6.402\,2 + 0.006\,6 * P^{\mathrm{GNP}}\text{（相关系数 }R = 0.987\,5\text{）}$$

式中：P^{GNP}——人均国民生产总值，美元/人。

表 2-1　公路网系数与人均国民生产总值关系

国家	人口 /10^3 人	面积 /$10^3\,\mathrm{km}^2$	人均国民生产 总值/美元·人$^{-1}$	公路通车里程 /km	路网系数
日本	123 540	377.8	23 290	1 114 697	163.2
韩国	42 790	99.2	4 910	55 778	27.1

续　表

国家	人口 /10^3 人	面积 /10^3 km²	人均国民生产 总值/美元·人$^{-1}$	公路通车里程 /km	路网系数
印度	818 790	3 287.3	—	1 843 420	35.5
西德	63 230	248.7	19 490	496 652	125.2
法国	56 440	551.0	16 876	805 600	144.5
英国	57 410	230.0	14 630	356 517	98.1
美国	249 970	9 372.6	19 620	6 237 290	128.9
中国	1 153 230	9 600	324	1 025 000	9.7

2.1.2　弹性系数法

这种方法通过建立公路建设的增长速度与经济建设增长速度的关系来推知未来公路网发展规模，公式：

$$I_R = E \cdot I_E \tag{2-2}$$

式中：I_R——公路建设增长率；

　　　I_E——经济建设增长率；

　　　E——弹性系数，通过研究相关历史资料确定。

2.1.3　期望密度法

随着社会经济的发展，交通需求会不断增加。不同的经济发展阶段需求不同的公路网密度，合理的公路网密度可由下式确定：

$$H_d = k P_d^\alpha p^{\mathrm{GNP}\beta} \tag{2-3}$$

式中：H_d——公路网期望密度，km/km²；

　　　P_d——人口密度，人/km²；

p^{GNP}——人均国民生产总值，美元/人；

k，α，β——待定系数。

据有关人员根据不同数据研究，得出以下三个模型：

$$H_{d0} = 0.053\ 3 P_d^{\ 0.739\ 3} p^{GNP\ 0.515\ 8}$$

$$H_{d1} = 0.623\ 8 P_d^{\ 0.550\ 7} p^{GNP\ 0.288\ 2}$$

$$H_{d2} = 0.029\ 7 P_d^{\ 0.818\ 4} p^{GNP\ 0.361\ 8}$$

H_{d0} 是根据包括发达国家和发展中国家在内的 45 个国家的 59 个样本数据回归出来的；H_{d1} 是仅用 17 个发达国家的 27 个样本数据回归出来的；H_{d2} 是仅用 28 个发展中国家的 32 个样本数据回归出来的。根据我国实际情况，路网密度的期望值可选用 H_{d2} 模型计算。

2.1.4　回归分析法

回归分析法就是通过分析规划区域内公路总里程和社会经济主要指标的历年发展资料，寻找二者之间的发展规律，建立起数学模型，从而预测规划期内公路的发展规模。回归分析法又分为一元回归分析法和多元回归分析法。规划区域内主要社会经济指标可以采用人口、国内生产总值、农业总产值、工业总产值、人均收入、汽车保有量、货运量、客运量等。具体可视数据采集情况加以选用。

2.1.5　公路周转量分析法

此法通过研究客货周转量和公路运输能力、服务水平的关系来确定公路网的发展规模。首先对公路网交通周转量进行预测，式：

$$Q_{NT} = \frac{1}{365}\left(\frac{\beta_P \cdot W_P}{n_p \cdot \alpha_p} + \frac{\beta_F \cdot W_F}{n_F \cdot \alpha_F}\right) \tag{2-4}$$

式中：Q_{NT}——公路网交通周转量，车·km/d；

W_P，W_F——公路客、货运周转量，人·km，t·km；

β_P，β_F——公路网承担的客货运交通量比重；

α_P，α_F——公路网客货运平均容量，人/车、吨/车；

n_P，n_F——公路客货运实载量。

上述各参数可通过运输统计资料分析和抽样调查确定。

这样，以普通二级公路为标准的公路当量里程就可按下式求得：

$$L=Q_{NT}/（S_n \cdot C_0）\tag{2-5}$$

式中：L——公路当量里程，km；

Q_{NT}——公路网交通周转量，车·km/d；

S_n——服务水平系数，即饱和度；

C_0——普通二级公路通行能力，辆/d。

2.1.6　时间序列趋势外推法

时间序列分析法是通过分析规划区域内公路历年的发展规模，寻找其自身的发展趋势和规律，进而推测其未来的发展态势和发展规模。如：

2.1.6.1　年均增长的道路里程数量推算

$$L=L_0+n \cdot \Delta L\tag{2-6}$$

式中：L——远景公路总里程，km；

L_0——起始年公路总里程，km；

n——经历年数，a；

ΔL——年均增长公路里程，km/a。

2.1.6.2　按年平均增长率推算

$$L=L_0（1+\gamma）^n\tag{2-7}$$

式中：L——远景公路总里程，km；

L_0——起始年公路总里程，km；

n——经历年数；

γ——年均增长率。

2.1.6.3　指数平滑法

该法首先对原始数据进行处理。处理原始数据时，对时间序列数据依据轻重远近原则，分别加不同权重，处理后的数据称为平滑值。然后，通过研究平滑值来建立预测模型，进行发展规模预测。

2.1.7　连通度法

连通度法也叫结点模型法，它反映的是公路网是否能够很好地连接网络各节点，其理论依据是网络几何学。根据网络几何形状结构分析，可以建立如下公路网合理规模的连通度模型：

$$L = D_N \cdot \xi \cdot \sqrt{N \cdot A} \tag{2-8}$$

式中：D_N——路网连通度。其值为 1.0 时，路网为"树"状结构；其值为 2.0 时，路网为方格状；其值大于等于 3.0 时，路网呈方格＋对角线型（图 2-1）。

N——区域内节点数；

A——区域面积，km^2；

ξ——路网变形系数。

可以看出，在区域面积及节点行政区划相对稳定的情况下，影响合理发展规模的主要参数有路网连通度及路网变形系数。通常情况下，影响路网连通度的主要因素是节点的分布密度。分布密度大，连接路网各节点的平均距离则较短，路网的边数相对较多，路网连通度较大；反之路网连通度则较小。而对另一个参数——变形系数（ξ）来说，影响它取值的主要因素是区域的地形分布以及节点的空间分布情况。在假设节点均匀分布的情况下，如果区域中的山地较多，该地区路线的弯曲程度则较大，进而该区域路网的变形系数也较大；反之则较小。

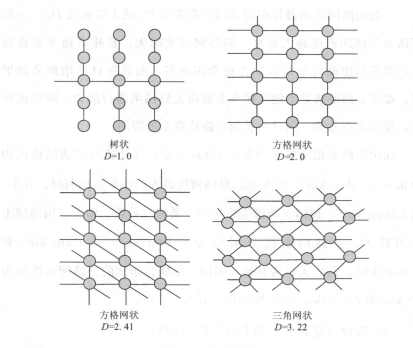

树状
$D=1.0$

方格网状
$D=2.0$

方格网状
$D=2.41$

三角网状
$D=3.22$

图 2-1 路网形状

2.2 公路网合理规模确定的几个指标

2.2.1 密度指标

（1）路网密度 D：单位区域面积或人口、经济总量的路网长度，
分别表征为：

面积密度：$D_S = L/S$ （km/100km^2）

人口密度：$D_P = L/P$ （km/万人）

产值密度：$D_E = L/G$ （km/亿人）

一般的路网规划报告中均采用面积密度 D_S 或人口密度 D_P；一般可认为公路网密度越大越好，但路网密度越大，意味着通车里程越长，需要的建设资金与养护管理费用越多，而且盲目地增加公路里程、提高公路等级并不能从根本上解决公路网络通行能力，降低拥挤度，提高出行效率，同时也受到公路建资金的限制。

我国公路面积密度平均为 $0.15 km/km^2$；经济比较发达的地区均为 $0.3 \sim 0.4 km/km^2$。世界上公路网密度最大的国家是比利时、日本，达 $3.0 km/km^2$，德国、英国等也接近。美国、苏联、印度三国的国土面积较大，公路网密度分别约为 $0.7 km/km^2$，$0.07 km/km^2$ 和 $0.6 km/km^2$。若以人口为基数，美国、苏联、印度的公路网密度则为 $300 km/万人$，$60 km/万人$ 和 $30 km/万人$。

（2）综合密度 $D_C = \sqrt[3]{D_S D_P D_g}$ 或 $\sqrt{D_S D_P}$。

（3）当量里程密度：将各级公路折算成标准二级公路计算的密度指标。无论是单一指标，还是综合密度系数计算，都选用了区域公路网总里程为主要依据，事实上，网络总里程仅反映了区域内节点的通达性，并无法体现不同等级结构公路对交通需求适应程度的巨大差异。以当量里程进行计算的密度，称为当量里程密度。

2.2.2　里程指标

（1）公路通车里程：各级公路总里程。

（2）公路网等效总里程：将各级公路折算成标准二级公路后的总里程。

由于不同等级的公路的通行能力不同，因此同一里程长度但不同等级的公路所能承担的年平均日车千米数也不相同，它们所能满足的交通需求也不同研究方便，今将各种不同的技术等级公路长度按公式：

$$Lep = \sum b_j m_j x_j \qquad (2-9)$$

式中：b_j——j 级公路的一个车道等效系数；

$\qquad m_j$——j 级公路的车道数，条；

$\qquad x_j$——j 级公路的实际里程，km。

表 2-1 已给出了各级公路等效系数以及有关参考数值。

表 2-2　各级公路等效系数以及有关参考数值

公路等级 参数值	高速	一级	二级	三级	四级	等外	二级加宽 (15/18)
m_j（条）	4	4	2	2	2	2	4
c_j（中型车/d）	25 000	12 500	5 000	2 000	200	100	8 000
b_j	2.5	1.25	1	0.4	0.04	0.02	0.8

按满足公路货运要求的公路等效里程计，则有：

$$Leq = \frac{F_{30} \times 公路货运量 \times t}{365 \times \alpha k} K$$

$$t = \frac{365 \times 车日行程^2 \times \alpha}{车吨年产量 \times V_B} \qquad (2-10)$$

式中：F_{30}——第 30 小时交通量系数；

$\qquad t$——车辆出行一次的平均时间，h；

$\qquad n$——平均核定吨位；

$\qquad \alpha$——实载率，%；

$\qquad K$——标准二级公路（双车道）的设计交通密度，辆/km；

$\qquad V$——标准二级公路技术车速，km/h；

$\qquad K$——修正系数。

2.2.3　公路理想规模接近度

定义：D_r 为公路理想规模接近度，

$$D_r = \frac{L}{L_0} \tag{2-11}$$

其中：L——规划路网道路长度；

L_0——理想道路长度；

L_0——按照"道路面积与人口和面积之积的平均根及经济指标成正比"的国土系数理论。

$$L_0 = K_0 \sqrt{P \cdot A}$$

其中：A——规划区域面积，10^3km^2；

P——人口，万；

K_0——经济指标系数，理想道路网系数值，可用人均国民生产总值（GNP，美元），通过统计性地回归分析各道路网发达国家的实际值等方法求得。

2.3　本章小结

本章首先对公路网规模预测的几种方法进行了简单的介绍，并在几种方法的基础上进一步提出了公路网合理规模确定的几个指标，为公路网布局优化提供了很好的前途和约束条件。

3 公路网等级结构优化

公路网等级结构是指公路网中各种不同技术等级公路所占的比例。从量上反映公路网的等级结构，就是确定各等级公路里程占公路网总里程的比重。公路网等级结构优化和公路网等级配置在含义上是不同的。公路网等级配置是指公路网中各个路段或路线应配置的等级类别，是微观意义的具体的道路等级确定问题[31]。而公路网等级结构优化则是宏观意义上的总量优化问题，不涉及各条道路的具体等级。当公路网总里程一定时，不同等级结构的公路将组合成多个方案，每一个组合方案对应公路网的一种等级结构。如何确定比较合理的公路网等级结构组合，就是公路网等级结构优化问题[32]。合理的公路网等级结构，是指满足一组给定条件而达到预期目标的一种公路网等级结构。

公路网合理等级结构的确定，是公路网规划的组成部分之一，也是公路网布局优化的重要组成内容之一。在进行路网布局优化时，首先需要确定路网的等级结构，然后以此作为约束条件进行路网的布局优化。不同的等级结构将对应不同的布局优化方案，路网等级结构对路网布局优化方案具有决定性作用，合理的路网等级结构，是得到合理的布局优化方案的前提和基础。因此，研究路网的布局优化问题，首先必须研究路网合理等级结构的确定问题，也就是路网等级结构优化问题。

公路网的等级结构决定了公路网满足交通需求的程度。一般来讲，高等级公路所占比重愈大，满足交通需求的程度也愈高。但是实际上这将受到公路建设资金的限制，因此高等级公路所占的比例不可能太高。合理的等级结构不但能够很好地满足交通需求，而且可以节省建设资源和资金，避免道路交通设施的浪费。怎样确定一个合适的公路网等级结构，使其在最大限度地满足交通需求的同时，力争实现快速、安全、舒适、方便和低建设成本的目标，是在进行公路网规划时应重点考虑的内容之一。

建立等级结构优化模型的方法主要有线性规划法和多目标规划法两种。由于多目标规划法可以同时考虑公路规划者和公路使用者的要求，因而无论在理论上还是从反映路网实际的程度上看都是一种更好的方法。该法的关键是优化目标的确定。我们将在分析公路网等级结构的要求的基础上，确定等级结构优化的目标，进而改进现有的多目标规划模型。

3.1　公路网等级结构优化的目标

建立目标规划模型的关键是选择合理的优化目标，并科学确定这些目标的目标值。在优化公路网的等级结构时，普遍采用的优化目标是建设资金最少。除此之外，考虑的目标是路网的总饱和度最小、各类建筑材料的消耗量最少以及交通周转量最大。从建设资金的构成上看，公路建设所消耗的各类建筑材料属于建设成本，完全可以通过价值转换构成建设资金的一部分。因此，以建设资金和建筑材料消耗量作为一个问题的两个优化目标是重复的，也是没有必要的。同时，由于路网的建设资金总额一般是确定的，等级结构优化的目的是在确定的建设资金的条件下，优化确定各等级公路所占比重。其含义是只要不超过所能提供的建设资金额度即可，而不必或者不一定追求建设资金的最少化。另外，以交通周转量最大为目标，只是考虑了路网满足未来交通需求的可能，没有体现满足的程度及网络应达到的服务水平和服务质量的要求。这样，以建设资金最少、路网总饱和度最小、各类建筑材料的消耗量最少以及交通周转量最大为优化目标的做法值得商榷。

我们认为，在确定公路网等级结构优化的目标时，应综合、全面地考虑路网的建设资金投入、路网的交通需求和供给能力、路网的运营效果以及路网使用者对路网的要求等。应从满足公路网的远景交通需求并能够提供良好的服务水平的角度，最大限度地寻求网络的交通供给能力。由于公路网建设的资金投入量在某一个时期内是一定的，可不必要求其达到最小，因而可将建设资金作为一个约束条件，而不列为优化目标。从公路网对未来交通需求的供给能力和交通运营质量的保证上考虑，可以将等级结构优化的目标确定为：目标一：公路网的通行能力最大；目标二：公路网的运营速度最大[24]。

3.2 公路网等级结构优化目标规划模型的改进

由优化目标可知，若使公路网通行能力最大，则要求目标一的负偏差最小，即 $\mathrm{min}d_1^-$；同样，当公路网平均运营速度最大时，要求目标二的负偏差最小，即 $\mathrm{min}d_2^-$。这两个函数便构成了公路网等级结构

优化的目标函数。约束条件中，硬约束为公路网的建设资金约束、公路网总里程约束及各级公路总里程的上下限值约束，软约束为这两个优化目标的目标约束。这样，可建立公路网等级结构优化的目标规划模型为：

$$\min z = \min \left(P_1 d_1^- + P_2 d_2^- \right)$$

$$s.t. \begin{cases} \sum_{i=1}^{m} C_i L_i + d_1^- - d_1^+ = Q_{NT} / S_N \\ \sum_{i=1}^{m} V_i L_i + d_2^- - d_2^+ = V_N L_0 \\ \sum_{i=1}^{m} A_i L_i = I + I_0 \sum_{i=1}^{m} L_i = L_0 \\ l_i^* \leqslant L_i \leqslant L_i^* \\ C_i, \ L_i, \ A_i \geqslant 0 \qquad i=1, \cdots, m \\ d_i^-, \ d_i^+ \geqslant 0 \qquad i=1, 2 \end{cases} \qquad (3-1)$$

式中：P_k（$k=1, 2$）——目标的优先因子；

$d_i^-, \ d_i^+,$（$i=1, 2$）——偏差变量；

C_i——i 级公路的通行能力，辆/d；

L_i——i 级公路的规划里程，km；$i=1, \cdots, m$。为公路等级数；

$m=0, 1, 2, \cdots, 5$，分别对应公路技术等级的高速、一级、二级、三级、四级和等外公路；

Q_{NT}——路网规划年份交通周转量，车·km/d，通过预测路网规划年份的客货运输量并将其转化为交通量，再乘以里程后得到；

S_N——规划路网的饱和度；

V_i——i 级公路的设计速度，km/h；

V_N——路网规划年份的期望运营速度，km/h；

L_0——公路网规划年份的总里程，km；

A_i——i 级公路的造价，万元/km；

I——规划年份公路建设累计可用资金，万元；

I_0——现有道路的折旧费用，万元；

l_i^*——i 级公路里程下限值，km；

L_i^*——i 级公路里程上限值，km。

模型（3-1）中的约束条件分别为：第一项为公路网通行能力的目标约束；第二项为公路网运营速度的目标约束；第三项为公路网建设资金约束；第四项为公路网总里程约束；第五项为各等级公路里程的上下限值约束；第六项为各级公路的通行能力、里程和建设资金的非负性约束；第七项为偏差变量的非负性约束。采用单纯形法可求得公路网等级结构优化结果。

上述模型中的各参数可通过综合分析路网现状交通情况、路网规划的要求和目标、公路建设指导思想、公路交通量统计资料、交通需求预测结果、路网的区位情况、路网所在区域的工资水平、物价水平、各等级公路的历史发展趋势、路网的投资规划和投资政策、公路建设资金来源等，同时结合专家经验法确定。路段通行能力可根据现行的《公路工程技术标准》确定。

3.3 模型的应用——东北三省公路网等级结构优化

根据东北三省远景规划，截至 2020 年，公路建设总投资约为 6 000 亿元，各级公路总里程将达到 24 万 km，其他规划指标见表 3-1 和表 3-2。

表 3-1　东北三省公路网指标

指标	数值	指标	数值
网车速（km/h）	60	网饱和度	0.65
公路客运量/（万人）	111 000	公路货运量（万吨）	130 000

表 3-2　各级公路的适应交通量

公路级别	高速	一级	二级	三级	四级	等外
适应交通量（辆/d）	55 000	30 000	15 000	6 000	2 000	800

注：表中适应交通量均为折算后的中型车数据。

应用改进的目标规划模型优化路网等级结构，模型其他参数取值见表 3-3。

表 3-3　模型参数取值

项目\n等级	造价/万元·km^{-1}	等级里程上限值/km	等级里程下限值/km	设计速度 v/km·h^{-1}
高速公路	2 000	13 000	9 000	100
一级公路	1 000	36 000	30 000	80
二级公路	500	98 000	90 000	60
三级公路	300	80 000	75 000	45
四级公路	100	18 000	15 000	30
等外公路	15	2 000	1 000	15

利用单纯形法可解得 2020 年东北三省公路网等级结构优化结果，见表 3-4。

表 3-4　2020 年东北三省公路网等级结构优化结果

等级	高速	一级	二级	三级	四级	等外	合计
里程/km	12 480	35 520	96 768	76 416	17 112	1 704	240 000
比重/%	5.2	14.8	40.32	31.84	7.13	0.71	100

把此优化结果和文献[24]中所提出的公路网优化等级结构范围进行比较，各等级符合优化的比例，故此优化结果符合规划目标和实际。

3.4　本章小结

本章首先总结分析了现有公路网等级结构优化目标存在的问题，然后分析并提出等级结构优化的目标，采用新的优化目标对原有的目标规划模型进行改进，通过对东北三省干线公路网等级结构优化实例，对改进模型的合理性进行了分析。

4 公路网布局优化

公路网布局优化是在一定的约束条件下，通过确定优化目标、建立优化模型，采用适当的方法选择规划线路将选定的控制结点连接起来，形成区域未来公路网规划方案的过程。它是在对公路网远景交通需求进行预测进而确定了公路网的合理发展规模后，在公路网的建设资金、发展规模以及等级结构等的约束下，对公路网的平面轮廓设计。其主要内容可以分为以下几个方面：路网结点的选择、路线布局优化以及布局优化方案的评价。具体来说，主要包括路网结点的选择和路线的选择以及怎样将结点连通，路网主骨架的确定，原有路线走向的必要改动，各条路线技术等级的调整，新建路线的走向和技术等级的确定以及方案的评价。它在很大程度上将决定规划期内该区域的公路建设方向和建设规模。

4.1 公路网结点选择

公路网中的结点指一个区域交通需求的代表点，相应区域的经济、人口、交通都集中在结点上，故结点也是路网规划中需要连接的点。

公路网结点选择是路线布局的基础性工作和重要内容。结点选择的范围直接关系到公路网规划层次的深度、路网布局方案的合理性和研究工作的繁杂程度。一般情况下，结点选择范围过小，会使得研究工作脱离实际，影响布局精度，使得布局方案缺乏合理性；结点选择范围过大，则会使研究工作过于繁杂。

4.1.1 公路网结点选择的原则

在进行结点选择时，一般应根据公路网的特征、地位或层次、作用以及发展的战略目标，结合区域社会经济、政治、国防等发展的需要，选择合理范围的结点作为路网路线布局的控制点。

对范围较大的全国性干线公路网（如国家高速公路网、国道主干线公路网、国家重点干线公路网），一般遵循以城市为结点，强化和完善省会城市（直辖市、自治区首府）之间以及区域经济中心城市之间的相互连接、建立完善的以综合运输体系为主轴、连接重要交通枢纽、为维护国家政治稳定和国防安全提供交通保障、适应未来旅游业的发展和更高层次对外开放的需要等原则。因而选择的结点一般为大中城市（省会城市、直辖市、自治区首府、经济中心城市等）、重要的沿海和内河港口、航空港、铁路及公路运输枢纽、其他重要的客货集散地、重要军事战略要地和军事敏感区、重要旅游城市和陆路边贸口岸[37]。

对范围相对较小的省域干线公路网，可以遵循以省内各中心城市（县）为结点，强化和完善省会城市与各中心城市（县）之间以及各中心城市（县）之间的相互连接、建立完善的综合运输体系、连接重要的客货运输枢纽，并考虑未来旅游业等的需要等原则。因而选择的结点一般为省会城市、省内的重要市、县、铁路及公路运输枢纽、车站、港口、机场、其他重要的客货集散地等。

对省内的区域性公路网（如市域公路网），可以遵循以区域内中心城市及各县为结点，强化和完善该中心城市与各县之间以及各县之间的相互连接、连接重要的客货枢纽及运输集散地，并考虑未来旅游业等的需要等原则。一般选择区域内的市（县）、乡镇、集镇、大型工矿、农牧业基地、车站、港口、机场等作为公路网结点。

对更小范围的局部公路网（如县乡公路网），可以遵循以路网范围内的中心县及各主要乡镇、行政村屯为结点，建立和强化该中心县与各主要乡镇之间以及各主要乡镇之间的相互连接等原则。因而一般选择中心县、各乡镇、行政村屯作为路网结点。

除了上述原则以外，各类公路网在选取结点时还应考虑到区域及结点未来可能的经济发展布局状况。如某结点虽然在近期属于非重要结点，但未来将作为发展某一产业经济的重点，则该点也应在被选择的结点之列。又如除个别省份外，西部地区社会经济较中、东部地区相比普遍不发达，公路交通建设也相对落后，这样，在进行全国性的道路网布局时，对西部地区路网结点的选择标准应考虑到各结点未来的经济发展方向并结合西部开发的战略和规划适当降低。

4.1.2　结点的层次划分

不同结点之间的交通强度和功能存在差异，对路网的路线布局形式和要求必然不同。路线布局应首先保障重要结点之间的彼此连接，然后考虑较重要结点和一般结点与重要结点的连接以及它们之间的彼此连接，以体现和区分不同层次结点的功能强弱，使得层次清楚、重点突出，并有利于公路网的分期、分重点建设和分级管理。因此，在进行路线布局之前有必要对选定的公路网结点进行层次划分。

结点层次划分的主要思想是选取能够反映结点所代表的小区的社会经济、政治等宏观因素发展水平的指标，依据"功能相似"的原则将入选结点划分为具有不同功能和地位的几个层次。一般情况下，可以根据需要将入选结点划分为三个层次：重要结点层次、较重要结点层次和一般结点层次。不同层次的公路网，可以采用相同或不同的指标，主要视指标数据资料的可获得性。结点层次划分的方法主要有结点重要度法和聚类分析法。

4.1.3　结点重要度法

现状公路网络布局并不一定是最佳的布局方案。为了寻求最佳的公路网布局，需要研究各个结点的功能和作用。区域内各结点由于社会经济发展水平及地理条件的差异，它们在交通网络中所表现出的功能是有差异的。功能表现强的结点，说明其所处的地位重要，反之则说明其地位不重要或不太重要。将反映规划区域内各结点功能强弱的特征量或特征参数，称为结点的重要度。它是对节点社会经济活动的度量，是描述规划区域内结点在交通网络中所处地位、重要程度相对大小的一个量的指标。它是一个综合指标，受政策、经济、文化、国防等诸多因素的影响。

结点重要度不仅用来划分结点层次，而且是本部分后面将要建立的公路网络路线布局组合优化模型中的一个重要变量，因为对路网的路线布局而言，不同功能、地位的节点对路网中路线的走向、技术等级有着不同的影响。因此，有必要首先对结点重要度进行研究。

结点重要度主要根据反映和度量结点社会经济活动的指标通过定量计算得到。对节点社会经济活动的度量指标主要有人口、工农业总产值、国民生产总值、第三产业产值、社会商品零售总额、主要工农

业产品的产量等。这些指标共同构成了结点以及区域的社会经济属性，且部分指标相互之间存在着较明显的相关关系。通过对影响结点重要度的诸多社会经济因素进行研究分析，逐个筛选，最终确定由人口、工业总产值、社会物资产耗总量或商品零售总额三项指标作为确定公路网络结点重要度的综合指标[33]。这三项指标即是在计算结点重要度时最广泛使用的指标。利用这些指标，采用式（4-1）计算结点重要度：

$$Z_i = \left(\alpha_1 \frac{R_i}{R_a} + \alpha_2 \frac{G_i}{G_a} + \alpha_3 \frac{S_i}{S_a} \right) \times 100\% \qquad (4\text{-}1)$$

式中：Z_i——i 结点的重要度；

R_i——i 结点的人口；

R_a——区域内各结点人口的平均值；

G_i——i 结点工业总产值；

G_a——区域内各结点工业总产值的平均值；

S_i——i 结点的社会物资产耗总量（或商品零售总额）；

S_a——区域内各结点社会物资产耗总量（或商品零售总额）的

平均值；

α_1，α_2 和 α_3——分别为第 i 结点以上三项指标的权重。

式（4-1）的特点是所采用的指标均为结点的社会经济指标，没有考虑结点的交通运输水平。而事实上，度量一个结点的功能和地位的强弱，应综合、全面地考虑结点的社会经济水平和交通运输水平，这样才能更加客观、真实地反映出结点在路网中的地位和交通功能的强弱。为此，本部分考虑结点的交通运输水平，将结点的客、货运输量作为确定结点重要度的重要指标，对结点重要度模型进行改进。又由于在确定结点重要度时所采用的三项指标之间仍然存在一定的相关性，为此本部分选择人口、国内生产总值（GDP）这两项社会经济指标。这样，在原有模型的基础上，考虑结点的社会经济水平和交通运输水平，得到改进的结点重要度模型为：

$$Z_i = \left(\alpha_1 \frac{R_i}{R_a} + \alpha_2 \frac{G_i}{G_a} + \alpha_3 \frac{S_i}{S_a} + \alpha_3 \frac{P_i}{P_a} \right) \times 100\% \qquad (4\text{-}2)$$

式中：Z_i——i 结点的重要度；

$\quad\quad R_i$——i 结点的人口；

$\quad\quad R_a$——区域内各结点人口的平均值；

$\quad\quad G_i$——i 结点国内生产总值；

$\quad\quad G_a$——区域内各结点国内生产总值的平均值；

$\quad\quad S_i$——i 结点的客运量；

$\quad\quad S_a$——区域内各结点客运量的平均值；

$\quad\quad P_i$——i 结点的货运量；

$\quad\quad P_a$——区域内各结点货运量的平均值；

$\quad\quad \alpha_1$，α_2，α_3，α_4——分别为第 i 结点以上四项指标的权重。

结点重要度法划分结点层次的过程是首先计算各结点的重要度，然后根据结点重要度排定结点的顺序，进而选择结点[36]。将各节点的重要度从大到小进行排序，可以根据经验判断，按工作需要进行初步的结点层次划分。为了便于理解和把握，一般分为 3～5 个层次。同时，为了判别初步划分的合理性，尤其是对于中间层次，采用两个过程进行结点层次的分析判别：一是各层次内结点的鉴别；二是不同层次间相邻结点的鉴别，以选择其分或合。

（1）层次内结点的鉴别。层次内结点的鉴别按照 k 倍标准差作为舍弃标准，即舍弃那些在 $\overline{X} \pm kS$ 范围以外的结点，然后重新进行分析鉴别，直至层次内各结点的重要度均在 $\overline{X} \pm kS$ 范围内为止。如式 （4-3）及式（4-4）所示，其中 $\overline{X}$ 为层次内各结点重要度的均值；S 为

层次内各结点重要度的标准差；k 为保证率系数。当层次内结点数目 N 为 3，4，5，6 个时，k 值分别为 1.15，1.46，1.67，1.82；N 等于或大于 7 时，k 值采用 3。

$$\overline{X} = \frac{\sum\limits_{i=1}^{N} X_i}{N} \tag{4-3}$$

$$S = \sqrt{\frac{(X_i - \overline{X})^2}{N-1}} \tag{4-4}$$

式中：X_i——层次内各结点的重要度；

N——层次内结点数目。

（2）不同层次间相邻结点的鉴别。不同层次间相邻结点的鉴别遵循以下步骤进行：

第一步：计算本层次内各结点的重要度均值：

$$a = \frac{\sum\limits_{i=1}^{N} X_i}{N} \tag{4-5}$$

第二步：将相邻层次的结点并入本层次，重新计算并入后该层次内各结点的重要度均值：

$$b = \frac{\sum\limits_{i=1}^{M} X_i}{M} \tag{4-6}$$

第三步：构造一统计量：

$$t = \frac{a - b}{S_{(a-b)}} \tag{4-7}$$

该量服从自由度为 $N+M-2$ 的 t 分布，其中：

$$S_{(a-b)} = \sqrt{\frac{(N-1)\ S_1^2 + (M-1)\ S_2^2}{N+M-2}} \cdot \sqrt{\frac{1}{N} + \frac{1}{M}} \tag{4-8}$$

式中：S_1，S_2 分别为层次合并前后的各结点重要度的标准差，计算公式与式（4-4）相同。

第四步：从 t 分布表中查出自由度为 $N+M-2$，置信度水平为 a 下的临界值 t_0，如果 $|t|>t_0$，说明相邻层次的结点重要度与本层次有显著差异，不能合并；如果 $|t|<t_0$，说明相邻层次的结点重要度与本层次没有显著差异，可以合并为同一层次。

采用结点重要度法划分结点层次的缺陷是各结点的重要度在计算过程中需要人为给出结点各指标的相对权重，该权重受人的主观因素影响较大，不同的权重会得出不同的结点重要度计算结果。对层次较低、范围较小的县乡公路网，权重的确定相对较容易，误差可能较小，但对层次较高、范围较大的公路网，由于结点较多，且各结点在社会经济、政治、军事、旅游等各方面各有特点和差异，因而结点权重不易确定。

4.1.4 聚类分析法

聚类分析是研究分类问题的多元数据分析方法，它有着极其广泛的应用背景。随着人类社会的发展与科学技术的进步，对分类学的要求也越来越高。只凭经验或专业知识对研究对象定性分类往往是很不够的，有时不能进行确切的分类，于是数学被引进分类学中，形成了数值分类学。随着多元数据分析方法研究的深入，在数值分类学中形成了聚类分析这一分支。聚类分析是多元数据分析的重要组成部分[33][36]。

聚类分析有两种类型：按样品聚类或按变量（指标）聚类。聚类分析的基本思想是在样品之间定义距离，在变量之间定义相似系数，距离或相似系数代表样品或变量之间的相似程度。按相似程度的大小将样品（或变量）逐一归类，关系密切的类聚集到一个小的

分类单位，然后逐步扩大，使得关系疏远的聚合到一个大的分类单位，直到所有的样品（或变量）都聚集完毕，形成一个表示亲疏关系的谱系图，依次按照某些要求对样品（或变量）进行分类。聚类分析的方法很多，如谱系聚类法、快速聚类法等等。谱系聚类法当样品容量较大时计算量过大。而快速聚类法可以弥补这一不足。快速聚类法又称为动态聚类法。该法先将样品粗略地分一下类，然后再按照某种原则进行修正，直至分类比较合理为止。其过程如图4-1所示。理论研究及计算实践都表明，快速聚类法是快速有效的聚类方法。

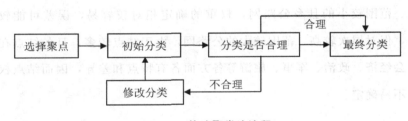

图 4-1　快速聚类法流程

动态聚类法或称移动中心聚类法，是对事物进行科学分类的一种常见的分析方法。将其应用于运络的基本思路是：先将规划区域中的所有结点视为聚类分析的样本；再按一定的标准将样本分为不同每一类具有典型的特征，如可把区域内特别发达城市所对应的点分为一类等等；最后根据需要按重要程度逐类选择结点。在进行聚类选择时，主要考虑各结点是否具有相似的土地利用及开发速度，以及是否具有的产业结构等。在对样本进行聚类分析时，要用到相似系数或欧式（Euclid）距离两个概念，其意义如下：

（1）相似系数。

设有 n 个变量 x_1，x_2，$\cdots$，x_{nt} 的 S 组数据 x_1，x_2，$\cdots$，x_{nt}，$t=$ 1，2，$\cdots$，S。

把 n 个变量（每个变量有 S 个数据）视为 R^S 中的 n 个向量，常用

$$r_{ij}^{(1)} = \sum_{t=1}^{s} \left[(x_{it} - \overline{x_i})(x_{jt} - \overline{x_j}) \right] / \left[\sum_{t=1}^{s} (x_{it} - \overline{x_i})^2 \sum_{t=1}^{s} (x_{jt} - \overline{x_j})^2 \right]^{1/2}$$

(4-9)

来描述变量 x_i，x_j 之间的相关性，称为 x_i，x_j 的相关系数。其中

$$\overline{x_j} = \frac{1}{s} \sum_{t=1}^{S} x_{jt}$$

$$\overline{x_i} = \frac{1}{s} \sum_{t=1}^{S} x_{it}$$

而常用 $$x_{ij}^{(2)} = \sum_{i=1}^{s} (x_{it} x_{jt}) / \left(\sum_{i=1}^{s} x_{it}^2 \sum_{i=1}^{s} x_{jt}^2 \right)^{1/2}$$ (4-10)

来描述变量 x_i，x_j 之间的相关程度，为区别于前者，称之为 x_i，x_j 的相似系数。其几何意义就是在 R^S 中的两向量 x_i，x_j，为的夹角余弦。相关系数和相似系数都是从不同角度描述变量 x_i，x_j 的相近程度。

（2）欧式（Euclid）距离。

设有两向量 x_i、x_j，定义

$$d_{ij} = \left[\sum_{t=1}^{s} (x_{it} - x_{jt})^2 \right]^{1/2}$$ (4-11)

为向量 x_i、x_j 的欧式距离。

欧式距离也常用来衡量两个变量的相近程度。d_{ij} 越小时，意味着 x_i，x_j 越相近；特别地，如果 $d_{ij}=0$，则表示在距离意义下两变量完全相同；而 d_{ij} 越大，则意味着两者相差越远。

（3）将区域内各结点视为样本，选取能从不同侧面反映结点经济发达水平的指标值作为每个样本点的观测数据，并运用以上介绍的相似系数或欧式距离所反映的相近程度进行分类。具体步骤如下：

①选定评价指标（可用专家咨询法确定），并调查获取各样本点数据。

②对原始数据进行标准化处理。

设有 n 个样本，每个样本有 S 个数据（即设有 S 个指标值），并假定原始数据为

$$
\begin{array}{cccc}
x'_{11} & x'_{12} & \cdots & x'_{1s} \\
x'_{21} & x'_{22} & \cdots & x'_{2s} \\
& & \vdots & \\
x'_{n1} & x'_{n2} & \cdots & x'_{ns}
\end{array}
$$

即　　$M_t = \max\limits_{i} x'_{it}$　（$t=1, 2, \cdots, S$）

令　　$x_{it} = x'_{it}/M_t$　（$i=1, 2, \cdots, n$；$t=1, 2, \cdots, S$）　(4-12)

则称 x_{it} 为标准数据。也可采用其他标准化方法。

③选择预分类数。

设 x_{it} 为经标准化处理后的第 i 个样本的第 t 个指标，令

$$
\text{SUM}(i) = \sum_{i=1}^{s} x_{it} \quad （S \text{ 为指标数}）
$$

$$
MA = \max_{1 \leqslant i \leqslant n} \text{SUM}(i)
$$

$$
MI = \min_{1 \leqslant i \leqslant n} \text{SUM}(i)
$$

则　　$k = \dfrac{(K-1)\left[\text{SUM}(i) - MI\right]}{MA - MI} + 1$　　　　(4-13)

样本 x_i 的初始类属为与 k 最接近的整数（$1 \leqslant k \leqslant K$），这样就得到每一个样本的初始分类，记为 $I'_1, I'_2, \cdots, I'_k$

④计算每一类的聚类重心。

对于第 k 类 I'_k，其重心按式（4-12）计算：

$$
C'_k = \sum_{i \in I'_k}(p_i x_i) / \sum_{i \in I'_k} p_i \quad （k=1, 2, \cdots, K）\qquad (4-14)
$$

式中 p_i 为样本 x_i 的权，且 $\sum p_i = 1$（如果每个样本点都视为平等的，则取 $p_i = 1/n$），x_i 表示标号为 i 的样本点。

于是求出了 K 个新聚类的中心：C_1^2，C_2^2，$\cdots$，C_k^2

⑤按新聚类点进行分类。

对每个样本 I，计算 i 到每个 C_k^2 的距离 d，如果 i 离 C_k^2 最近，就把它划给 I_k^2 类。这样，以 K 个新的中心把样本重新划分为 K 个类分类：I_1^2，I_2^2，$\cdots$，I_k^2

重复第④步，如此进行下去，到第 m 次，即通过求第 $m-1$ 次分类 I_1^{m-1}，I_2^{m-1}，$\cdots$，I_k^{m-1} 的 K 个新的中心：C_1^m，C_2^m，$\cdots$，C_k^m

按第⑤步的方法，将样本分为 K 个新的类：I_1^m，I_2^m，$\cdots$，I_k^m

算法停止则以满足下列三种情形之一为标准：

a. 相应的两次分类（迭代）得到相同的划分；

b. 一个事先规定的标准值明显地不再减少；

c. 事先规定的最大迭代次数已经达到。

可见，可采用快速聚类法进行节点的层次划分。其中，样本为区域内的各结点，每个样本的样本值为反映节点经济发展水平及交通运输水平的指标值。尽管结点重要度法和聚类分析法均可以用来划分公路网结点的层次，但由于结点重要度法在指标权重确定过程中融入了人的主观因素，定性成分较多，而聚类分析法建立在精确的定量计算的基础上，能够弥补重要度法的不足。因此，本部分建议采用聚类分析法划分节点层次。但当能够科学地确定结点各指标的权重时，则也可以采用结点重要度法来划分结点层次。

由于结点重要度是本部分后面将要建立的路线布局组合优化模型中的变量之一，因此必须科学、合理地确定结点的重要度，而这又取决于结点指标的权重是否合理。为了解决结点重要度计算过程中存在

的权重确定问题，本部分提出借助于聚类分析法来确定各指标权重的试算方法。具体方法是：首先根据主观判断给出各指标的权重，然后根据计算得到的结点重要度来排定结点顺序，并划分结点层次，将结点层次划分结果与采用聚类分析法得到的结点层次划分结果进行对比后调整权重，直到两种方法得到的结点层次基本相同时为止，此时对应的权重即为所求的权重。

4.2　公路网络路线布局组合优化模型

公路网络路线布局是对公路网的平面轮廓设计。当所考虑的因素和采用的设计方法不同时，不同的规划者会得出各种各样的布局方案。如何在诸多布局方案中选出一个合理的布局结果，就是公路网络的路线布局优化问题。正如公路网的等级结构配置及优化一样，公路网络的路线布局优化必然也是指满足一组给定的约束条件而达到预期目标的布局优化结果，所给目标和约束条件不同，得到的布局优化结果也不同。影响公路网络路线布局的因素较多，如公路网的有限建设资金，公路网的发展规模以及地理环境、自然条件、政策干预等。因此，为了得到合理的公路网络路线布局优化结果，必须坚持以下几个原则[38]。

（1）依据国土规划，做好与其他运输方式之间的协调；

（2）不同层次的公路网络力求衔接、协调；

（3）根据规划区域的实际情况，因地制宜地确定路线走向；

（4）规划的长期性与阶段实施的可能性相结合；

（5）着眼于布局的整体优化；

（6）定量计算与定性分析相结合。

尽管由于网络的级别（国道网、省道网和县道网）不同，设计的深化程度有所差别，亦要求在布置线路时，同时考虑各路段实施的可能性（如地形等）和难度（如工程量和造价等），但公路网络的路线布局设计，主要应着眼于网络结构（各路线的相互关系）和等级结构组合的整体优化，而不必对两点之间的公路具体走向作过深的探讨，它是路网整体性的优化，不拘泥一般细节问题。布局优化的基本要求应是四通八达、干支结合、布局合理、效益最佳。这四点要求相互联系、彼此制约，并且与区域内的实际条件密切相关。一个合理的公路网络路线布局优化结果应是政策、经验和技术三者相结合的产物。

以往在进行路线布局优化时，多建立单目标优化模型来确定优化方案。随着我国社会经济和公路交通运输的迅猛发展，人们对公路网规划和建设的要求越来越高，公路建设在缓解交通压力、满足交通需求的同时，越来越追求出行的快捷、行车的舒适、安全、快速和节能。从这个意义上来说，公路网络路线布局优化的目标需要增加，单目标优化模型有待扩展为多目标优化模型。与单目标优化模型相比，多目标优化模型能够更加客观和全面地反映路网规划者和路网使用者的要求和意图，对国内外公路网络路线布局优化研究现状的分析也证明了这一点。因此，建立公路网络路线布局多目标优化模型是必要的。

除此之外，在公路网络路线布局优化的实践中，优化目标的选择和优化模型的建立没有考虑公路网络在层次上的差异性，即没有根据公路网所属层次确定布局优化的目标并建立适合该公路网络的布局优化模型，而是多采用同一种目标和模型。实际上，当公路网的层次不同时（如县乡公路网和国家干线公路网），布局优化的目标、所考虑

的因素和侧重点也应有别，因而公路网络路线布局优化的目标和优化模型应根据公路网络的层次来确定。

为此，本部分拟在分析公路网络的功能及特点的基础上，分层次分别研究适合国家级公路网络和省、市级公路网络的路线布局优化的目标，并建立各自的路线布局优化模型。

对于以国家干线公路网为代表的国家级公路网的路线布局采用的是组合优化模型，而以市域公路网为代表的省、市级公路网的路线布局采用的是双层规划模型[24]。

4.2.1 组合优化模型的建立

4.2.1.1 优化目标

优化目标的确定是建立布局优化模型的关键之一。对于国家级公路网络而言，公路网络路线布局应是宏观层次上的。一方面，由于公路网中的结点一般为大、中城市、重要港口、航空港、运输枢纽、其他重要的客货集散地、重要的军事战略要地和军事敏感区、重要的旅游城市和陆路边贸口岸等，结点层次较高，布局的重点应是分析解决宏观层次上的结点之间的通道性运输联系问题，因而不必进行交通分配和确定交通服务质量等微观上的分析和计算；另一方面，从解决问题的可能性来看，对于以国家干线公路网为代表的国家级公路网络的路线布局优化问题，由于路网中除了干线公路外还存在大量的次干线、次次干线以及支线，虽然在路网布局时这些路线由于不属于干线公路而被排除在外，但当进行路网交通分配时，忽略这些路线在理论上是不合理的，必将产生一定的误差。因为车辆不可能只在干线公路上行驶，其他的非干线公路也担负着很大一部分交通流量。若将这些路线均考虑在内，则公路网的规模将是巨大的，在可接受的时间和费用范围内进行交通分配是不现实的。

根据上述分析，在确定优化目标时，考虑到由于公路网中各待选路线的功能及技术等级一般比较明确，布局的主要任务是在现有路网的基础上，确定路网中各结点之间是否有必要连通，以及怎样连通。因此，布局时可不考虑等级问题，而只研究路线的布设与否。又由于国家级公路网络路线布局的重点是解决宏观上的结点之间的通道性运输问题，因而必须采用反映结点之间的宏观交通特性的指标作为优化的目标。为此，以重要度为指标，在计算各结点重要度的基础上，确定路线重要度，进而由路线重要度之和得到整个路网的重要度，以路网的重要度最大作为路线布局的一个优化目标。另外，从整个网络系统的角度考虑，公路网络路线布局应使得尽量多的结点保持有效连通，追求网络的联结度最大。于是，确定国家级公路网络路线布局优化的目标为：路网重要度最大、路网联结度最大。路网重要度最大使得路网中重要的结点之间保持连通。联结度最大一方面使得尽量多的结点之间保持连通；另一方面，使得已经部分连通的结点具有更便捷的联系。

4.2.1.2 组合优化和0~1整数规划的应用

为了把影响公路网络路线布局优化的诸多因素和几个原则尽可能地用数学语言表示出来，需要建立相应的数学模型，使公路网络的路线布局优化真正建立在定量计算的基础上。不妨设公路网中每一条边为一个变量，对于边的一个组合，在一定约束条件下，如果某些边达到了预期给定的目标，就可以令这些边的值为1，反之，令这些边的值为零。显然，对于不同的约束条件和目标函数，有不同的边的组合，那么，公路网络的路线布局优化问题就可转化为在一定约束条件

下，为达到某个目标而求解那些变量值为 1 或 0 的边的一个组合，这正与组合优化所解决的问题相吻合，同时，在数学规划上显然属于 0～1 整数规划。可见，可以应用组合优化理论和 0～1 整数规划来解决公路网络的路线布局优化问题。

4.2.1.3 路段重要度

由优化目标可知，在建立优化模型时，首先需要根据路网中各结点的重要度确定结点之间的路段重要度，再由路段重要度得到路网重要度。路段重要度用来反映路段在公路网中的地位和功能，是路段相对重要性的一种综合度量。路段重要度的定义式主要有两种，分别为式（4-15）和式（4-16）：

$$IP_{ij} = \frac{I_i + I_j}{(n-1) \cdot L_{ij}} \tag{4-15}$$

$$IP_{ij} = \frac{I_i \cdot I_J}{L_{ij}} \tag{4-16}$$

$$(i=1, 2, \cdots, n-1; \ j=i+1, i+2, \cdots, n)$$

式中：IP_{ij}——公路网中任意两个结点 i 和结点 j（$i<j$）之间的路段的重要度；

I_i——结点 i 的重要度；

I_j——结点 j 的重要度；

L_{ij}——路段 ij 的里程，km；

n——公路网中的结点个数。

这两种定义式的共同点是只将两结点的重要度以及结点之间的距离作为确定路段重要度的决策变量，没有考虑结点之间的运输交换量对路段重要度的影响。我们认为，当结点之间的运输交换量较大时，连接两结点的路段重要度也应该较大，反之亦然。而采用上述定义式确定路段重要度时，当两结点之间的里程一定时，只要两个结点的重

要度很大，则路段重要度也将很大，该定义实质上隐含了结点重要度大小与结点之间的运输交换量大小成正比的关系。实际上，两者并非构成正比关系，即当两结点的重要度很大时，结点之间的运输交换量未必也很大，其大小取决于由结点的经济和产业类型等决定的结点之间的可能联系程度。因此，在确定路段重要度时，不考虑结点之间的运输交换量是不合理的。可见，原有的路段重要度模型有待改进。为了正确、客观地反映路段在整个网络中的重要程度，有必要将结点之间的运输交换量作为影响路段重要度的一个重要因素。为此，我们需要重新定义路段重要度，新的重要度综合考虑结点的社会经济指标和路网的交通需求在各结点之间的空间分布情况，将结点之间的运输交换量作为确定路段重要度的一个重要指标。为了使计算口径一致，将结点之间的 OD 交换量进行标准化处理，于是得到路段重要度模型为：

$$IP_{ij} = \frac{(I_i + I_j)}{(n-1) \cdot L_{ij}} \cdot (T_{ij}/\bar{T}) \tag{4-17}$$

$$(i=1, 2, \cdots, n-1; j=i+1, i+2, \cdots, n)$$

式中：IP_{ij}——公路网中任意两个结点 i 和结点 j（$i<j$）之间的路段的重要度；

I_i——结点 i 的重要度；

I_j——结点 j 的重要度；

T_{ij}——结点 i 和结点 j 之间的 OD 交换量；

$\bar{T}$——路网中所有结点间 OD 交换量的平均值，$\bar{T} = \sum\limits_{i=1}^{n} \sum\limits_{j=1}^{n} T_{ij}/n^2$；

L_{ij}——路段里程，km；

n——公路网中的结点总数。

从式（4-11）中可以看出，$T_{ij}/\bar{T}$ 为一相对值，无量纲，表示任

意两个点 i,j 之间的 OD 交换量占路网中所有结点间 OD 交换量总量的比重。

4.2.2 组合优化模型形式

4.2.2.1 路网重要度

模型设区域中公路网的结点数为 n，分别以 $x_1,x_2,\cdots,x_n$ 表示，对应的结点重要度为 $I_1,I_2,\cdots,I_n$，引入矩阵：

$$X=\begin{bmatrix} x_{11} & x_{12} & \cdots & x_{1n} \\ x_{21} & x_{22} & \cdots & x_{2n} \\ \vdots & \vdots & & \vdots \\ x_{n1} & x_{n2} & \cdots & x_{nn} \end{bmatrix} \qquad (4\text{-}18)$$

表示 n 个结点间的相互连通关系。则公路网中所有待连通的边可用如下矩阵表示：

$$X=\begin{bmatrix} x_{12} & x_{13} & \cdots & x_{1n} \\ & x_{23} & \cdots & x_{2n} \\ & & \ddots & \vdots \\ & & & x_{(n-1)n} \end{bmatrix} \qquad (4\text{-}19)$$

易知公路网中 n 个结点的待连通边的条数为 $\dfrac{n(n-1)}{2}$，里程的比值为权（L_n 为公路网的规划总里程），建立公路网重要度为：

$$\begin{aligned} \max I_N &= \sum_{i=1}^{n-1}\sum_{j=i+1}^{n} IP_{ij}\cdot x_{ij}\cdot \frac{L_{ij}}{L_n} \\ &= \frac{1}{(n-1)\cdot \overline{T}\cdot L_n}\cdot \sum_{i=1}^{n-1}\sum_{j=i+1}^{n}(I_i+I_j)\cdot T_{ij}\cdot x_{ij} \end{aligned} \qquad (4\text{-}20)$$

4.2.2.2 路网联结度

公路网联结度用于反映各结点与外界联系的难易程度，并从路网整体角度来反映网络布局结构和网络的成熟程度，联结度越高，表明路网断头路越少，成环成网率越高，反之则表明路网成网率越低。其定义式为[39]：

$$J = \frac{\sum_{i=1}^{n} m_i}{n} = \frac{2M}{n} \tag{4-21}$$

式中：J——公路网联结度；

n——路网总结点数；

m_i——第 i 结点所邻接的边数；

M——网络总边数（路段数）。

4.2.2.3 布局优化模型形式

由上述的公路网重要度及公路网联结度模型可得到公路网络路线布局组合优化模型为：

$$\begin{cases} \max I_n = \dfrac{1}{(n-1) \cdot \bar{T} \cdot L_n} \cdot \sum_{i=1}^{n-1} \sum_{j=i+1}^{n} (I_i + I_j) \cdot T_{ij} \cdot x_{ij} \\[3mm] \max J = \dfrac{\sum_{i=1}^{n} m_i}{n} \end{cases}$$

$$s.t. \begin{cases} \sum_{i=1}^{n-1} \sum_{j=i+1}^{n} L_{ij} \cdot x_{ij} \leqslant L_n \\[3mm] \sum_{k=1}^{i-1} x_{ki} + \sum_{j=i+1}^{n} x_{ij} \geqslant 1 \\[3mm] \sum_{i=1}^{n-1} \sum_{j=i+1}^{n} A_{ij} \cdot x_{ij} \leqslant A_n \qquad (i = 1, 2, \cdots, n-1) \\[3mm] l_l^* \leqslant \sum_{a \in A} L_a^l \leqslant L_l^* \\[3mm] x_{ij} = \begin{cases} 1, \text{边连通} \\[1mm] 0, \text{边不连通} \end{cases} \end{cases} \tag{4-22}$$

式中：I_n——公路网的重要度；

       L_n——公路网的规划总里程，km；

       A_n——公路网建设资金，万元；

       L_a^l——等级为 l 的路段 a 的里程，km；

       L_l^*——l 级公路里程下限值，km；

       l_l^*——l 级公路里程上限值，km；

       T_{ij}——结点 i 和结点 j 之间的 OD 交换量；

       $\bar{T}$——路网中所有结点间 OD 交换量的平均值，$\bar{T} = \sum\limits_{i=1}^{n}\sum\limits_{j=1}^{n}\dfrac{T_{ij}}{n^2}$；

       L_{ij}——路段 ij 的里程，km；

       I_i——结点 i 的重要度；

       I_j——结点 j 的重要度；

       n——路网总结点数。

上述模型表明，国家级公路网络的路线布局优化是在公路网总里程、建设资金和各等级公路里程等条件的约束下，尽可能使公路网的重要度和联结度达到最大[24]。

4.2.3　组合优化模型目标函数的转化

由于多目标优化问题一般不存在使所有目标同时达到最优值的最优解，尤其当各目标处于冲突状态时（即有的要求最大，有的要求最小）。这时，一般使用有效解的概念，表示在不牺牲其他目标函数的前提下，不可能再改进任何一个目标函数。有效解也称非支配解、近似最优解、非劣解或 Pareto 解，这个解即是问题的优化解。

众所周知，对单目标优化问题已经有很多成熟的解法，因此，人们在求解多目标优化问题时，一般都是将多目标优化问题转换为单目标优化问题进行求解。本部分也采用同样的做法。

将多目标优化问题转化为单目标优化问题的方法主要有平方加权和法、主要目标法、理想点法、功效系数法、线性加权和法、乘除法等[40][41]。平方加权和法的基本思想是对各单目标预先规定其"目的"值，要求各目标函数值分别与规定的对应"目的"值相差尽量小。一般来说，对目标函数与该目标函数所对应的"目的"值的接近程度的要求不一样，为此，引入反映这种差异的权系数，并据此建立评价函数。该法适用于各目标函数的"目的"值能够明确确定的多目标优化问题，但当个别目标无法确知其"目的"值时则难以应用。主要目标法的基本思想是抓住主要目标，同时兼顾其他要求。从多个目标中选出一个作为主要目标，而其他目标只要满足一定的要求即可，即将其他目标作为约束条件。该法的缺陷是各目标约束条件的上下限不好确定，有的目标甚至无法确定其上下限值。理想点法是先分别求出各单目标函数的最优目标值，这些目标值构成一个理想点向量，由于几乎找不到使各单目标函数同时达到最优值的理想点，但若能够使各单目标尽可能地接近其各自的理想值，则便可求出好的非劣解，据此建立评价函数。该法适用于能够准确地确定各目标函数最优值的场合。功效系数法的基本出发点是：在实际中，对各单目标的要求往往不尽相同，有的要求越大越好，有的越小越好，有的则要求有一个合适的数值，引入反映这种不同要求的功效系数 d，当目标函数值最满意时，$d=1$，当目标函数值不可接受时，$d=0$，其他情况依据目标函数值的不同而取 $[0, 1]$ 中的某个数。然后根据对应于各目标函数值的 d 建立评价函数。此法的缺陷是功效系数不容易确定，且易受人为主观因素的影响。线性加权和法是根据各目标函数的重要程度分别给予其一定的权重，并据此建立评价函数。该法原理简单，方便实用，缺点是各目标的权重不易确定，当能够采用一定的方法准确确定权重时，该法不失为一种好的方法。乘除法是不借助于任何权重或外加变量，而

是通过将各目标函数进行某种组合来建立评价函数。该法尤其适用于各目标处于冲突状态的多目标优化问题。

综上，根据各方法的优缺点及适用条件，并考虑本部分所建立的组合优化模型的性质，可以采用理想点法或线性加权和法对多目标函数进行转化，但由于理想点法评价函数的构造相对复杂，为使用方便，本部分采用线性加权和法。

4.2.3.1 线性加权法

线性加权和法该法的主要思想是：对多目标优化问题建立评价函数：

$$U(x) = \sum_{i=1}^{m} w_i f_i(x) \tag{4-23}$$

式中：$U(x)$——评价函数；

w_i——权系数；

$f_i(x)$——第 i 个目标函数；

m——目标函数的个数。

然后对评价函数进行求解，并将其解作为多目标问题的解。这种评价函数反映了各单目标函数值离开各自的最优值的程度，使用较为方便。此法适用于需同时考虑所有目标且各目标在整个问题中有同等重要性的场合。

4.2.3.2 转化后的目标函数

应用线性加权和法的困难在于如何找到合理的权系数 w_i，以反映各单目标在整个多目标问题中的重要程度，且使此单目标问题的最优解成为原多目标问题的近似最优解。权系数反映了对各目标的不同估计和折中，应根据具体情况，做具体处理。有时要凭经验，凭估计、试算。虽然不少学者针对不同问题提出了不同的确定权系数的方法，但至今没有一个可遵循的普遍原则。本部分采用将各个单目标最优值的倒数作为权系数的做法[42]。为此，需要首先确定路网重要度和路网联结度的理想最优值。

不妨假设公路网布局优化的一种理想状态，即公路网不受任何约束条件而尽可能满足路网的联结度和重要度最大。由路网联结度公式可知，当公路网中每一个结点都有 $n-1$ 条边与它直接连接，即当 $x_{ij}=l$ $(i=1, 2, \cdots, n-1; j=i+1, i+2, \cdots, n)$ 时，联结度 J 达到最大，且为 $n-1$。与此同时，由路网重要度公式可知，公路网的重要度 I_n 也达到最大，且有：

$$\max I_N = \frac{1}{(n-1) \cdot \bar{T} \cdot L_n} \cdot \sum_{i=1}^{n-1} \sum_{j=i+1}^{n} (I_i + I_j) \cdot T_{ij} \cdot x_{ij}$$

(4-24)

$$= \frac{1}{(n-1) \cdot \bar{T} \cdot L_n} \cdot \sum_{i=1}^{n-1} \sum_{j=i+1}^{n} (I_i + I_j) \cdot T_{ij}$$

令

$$w_1 = 1/f_1^0 = 1/\max I_N$$

$$= (n-1) \cdot \bar{T} \cdot L_n \Big/ \sum_{i=1}^{n-1} \sum_{j=i+1}^{n} (I_i + I_j) \cdot T_{ij}$$ (4-25)

$$w_2 = 1/f_2^0 = 1/\max C_N = 1/n-1$$ (4-26)

则评价函数为：

$$U(x) = \sum_{i=1}^{m} w_i f_i(x)$$

$$= \sum_{i=1}^{2} w_i f_i(x)$$

$$= w_1 \cdot \frac{1}{(n-1) \cdot \bar{T} \cdot L_n} \cdot \sum_{i=1}^{n-1} \sum_{j=i+1}^{n} (I_i + I_j) \cdot$$

$$T_{ij} \cdot x_{ij} + w_2 \cdot \frac{\sum_{i=1}^{n} m_i}{n}$$

(4-27)

对该评价函数进行求解即可得到原问题的最优解。

4.3 公路网络路线布局双层规划模型

4.3.1 双层规划的引入

由于实际的规划、决策问题都是庞大而异常复杂的系统，涉及各种各样的影响因素，关系着各个部门、单位和个人的利益，因此所采用的决策方法应该是多层次的系统决策方法，而非单一层次的决策方法。一般而言，决策机构都是一个分级或分层次的管理机构，在总体目标一致的前提条件下，各级都有其各自独立或相互矛盾的目标。因此，在做出科学而系统的最终决策之前，需要综合考虑彼此之间存在相互作用的、有其各自目标的各个层次上的部门、机构和个人的意见，力求最终的决策能使整个系统达到最优的目的。

与多层次系统决策相对应的数学方法是多层规划。多层规划是指使用多层目标和准则进行规划和决策。多层规划问题的一个重要特点是可以应用在多层决策问题中，多层规划使用一个分层次的结构，在各个层次上的决策者都有其各自的目标函数。在某种程度上，本层的决策空间是由其他层决定的。此外，某一层次上的决策者通过特定的方法和手段以影响其他各层的决策制定，从而达到优化其自身目标函数的目的。例如，这些方法和手段可以是控制较低层次的资源分配和使用、调整分配给各层的利益等。在多层规划中，所有的决策者优化其自身的目标函数，而不考虑他们的决策对其他各个层次的影响。多层规划问题的另一个重要特点是决策变量的控制权分别属于各层的决策者。而在传统的单层规划中，决策者同时控制所有的决策变量。但在政府部门的实际决策过程中，对决策变量的控制和处理并不是同时进行的，而是采用自上而下的多层次决策方法。例如，在大多数国家中，中央政府首先在各个省之间分配资源（指的是广义的资源），然后各个省在中央政府所分配的资源的基础上，决定其各自的行为、政策。可见，在多层规划中，以优化自己的目标函数为目的的决策者是在高层决策者事先确定决策变量值之后，对自己能控制的决策变量进行优化，以达到最优目的。

双层规划是多层规划的一种特例。在双层规划问题中只有两个层次，两种决策者。由于交通投资决策过程涉及政府部门和公众的相互作用或者他们之间的联合决策行为，是一个典型的双层决策问题，因此双层规划模型成为描述交通投资决策过程的理想工具。

双层规划方法与传统的单层规划方法相比具有不可比拟的优势，具体表现在[43]：①可以同时分析决策过程中两个不同的、相互矛盾的目标；②双层规划的多价值准则的决策方法更接近实际情况；③可以明确表示政府和公众的相互作用。

对于省、市级公路网络，布局的重点应是在分析交通量在结点之间的路线上的分配的基础上，追求整个网络系统的最佳运营效果，并以此为依据进行布局。因而此时布局应是微观层面上的，而不能仅仅停留在宏观层面。

4.3.2　双层规划模型的建立

与国家级公路网络相比，省、市级公路网络中待研究的各路线的功能和技术等级相对要复杂，路网等级结构以及各路线的等级配置对整个路网的路线布局方案具有重要影响。因此，对省、市级公路网络进行路线优化布局时，必须同时考虑路线的技术等级和空间布设问题。布局的主要任务是确定尚未连通的各结点之间是否连通、连通后的技术等级，以及已经连通的各结点之间的路线是否改造、改造后的

等级。这样，布局的内容包括两方面：确定新线路是否布设和现有线路是否改造以及布设和改造后的等级。

国外在进行公路网络路线布局优化时，新线路的增设（DNDP）和现有线路的改造（CNDP）是分别单独分析和研究的，即不考虑二者之间的相互联系和影响。国内在进行网络路线布局时，也多只进行新线路增设问题的研究，没有或很少考虑现有线路的局部改造对网络路线布局的影响。实际上，正如前面所述，对于省、市级公路网络，其路线布局问题既包括现有线路的改造，也包括新线路的布设。布局优化是在现有路网的基础上进行的，现有道路的改造将对新线路是否布设、其位置、规模等产生重要影响，因而在布局优化时，必须同时考虑现有线路的改造和新线路的布设。这样，省、市级公路网络的路线布局优化问题即成为混合网络设计问题（MNDP）。

为了便于建模和降低解决问题的复杂性和难度，本部分将混合网络设计问题（MNDP）中的连续性网络设计问题（CNDP）转化为离散性网络设计问题（DNDP），方法是将 CNDP 中的连续变量转化为离散变量。这样，整个问题就成为只含有离散变量的离散性网络设计问题（DNDP）。

4.3.2.1 优化目标

省、市级公路网络的路线布局要从微观分析入手，可以分别从网络用户和网络规划者的角度出发，研究确定布局的优化目标。从用户的角度考虑，应使单个用户的出行费用（时间）最少；从规划者的角度考虑，应使整个网络系统的出行总费用（时间）最少，同时应追求网络的建设效益（包括社会效益和经济效益）最大，除此之外，还应使尽量多的路网结点保持连通。由于建设效益与网络系统的出总费用（时间）二者具有相关性，出行时间的减少意味着建设效益的增加，建设效益的降低则对应着出行时间的增加。因此可从中选择一项进行优化分析。鉴于建设效益很难定量分析和计算，本部分选择网络系统的出行总费用为优化的一个目标。这样，确定优化目标为：单个用户的出行时间最少、网络系统的出行总费用（时间）最少、网络的联结度最大[24][49]。

根据以上分析可知，双层规划模型优化目标的最终形式为：上层问题为：从系统的角度（即从上层决策者的角度）考虑，在满足投资等约束的条件下，使整个网络系统的总行程时间（阻抗）最小，同时使网络的联结度达到最大；下层问题为：从用户的角度考虑，使网络上的用户出行行为符合用户最优准则。

4.3.2.2 约束条件

为保证路网优化的合理性，必须增加一些约束条件。

（1）上层问题的约束条件。

一是建设资金。由于公路网建设的资金投入量在某一个时期内是一定的，可不必要求其达到最小，因而可将建设资金作为一个约束条件。而对于建设资金而言，可分为两部分：一部分是新建道路的建设费用；另一部分为道路改扩建时产生的改扩建费用。两者之和不能大于建设资金。

二是总里程约束。公路网规划时，应有一个最终的里程目标，即公路网规划总里程。而总里程由两个方面组成，一个是原有公路网总里程（L_{yy}）；另一个是新建的路网的总里程。而两者里程之和不应大于公路网规划总里程。

三是各等级公路的里程约束。在总里程满足约束的同时，还应考虑各等级公路的里程是否达到了相应的里程约束，其中：l_l^* 为路网中一级公路里程下限值，L_l^* 为路网中一级公路里程上限值，L_a^l 为等级为一级的路段 a 的里程，即满足于条件：

$$l_l^* \leqslant \sum_{a \in A}^{l \in \varphi_a} L_a^l \leqslant L_l^* \quad (l = 0,1,2,3,4,5)$$

l	0	1	2	3	4	5
代表等级	高速	一级	二级	三级	四级	等外

四是服务水平约束。将未来 OD 流量在规划路网中进行分配，每个路段应满足一定的服务水平，即 V/C（路段交通量与路段通行能力之比）应在一定的范围内，不能过高，也不能过低，过高会造成路段的拥挤，过低会造成资源的浪费。其数值根据下层规划的流量分配结果计算。

$$\lambda_{low} \leqslant \lambda_a \leqslant \lambda_{sup} \quad \forall\, a$$

式中：

λ_{low} 为最小允许 V/C；

λ_{sup} 为最大允许 V/C；

λ_a 为规划路段 a 的 V/C。

（2）下层问题的约束条件。

下层为交通流分配过程，选择用户平衡分配法，对于该模型已经有较成熟的研究[35]。

一是交通流守恒。平衡分配过程中应该满足交通流守恒的条件，即 OD 间各条径路上的交通流量 f_k^{ij} 之和应等于 OD 交通总量，（$f_k^{ij} \geqslant 0$），用公式表示为：

$$\sum_k f_k^{ij} = q_{ij} \quad \forall\, i, j$$

二是路段流量约束。径路交通量 f_k^{ij} 和路段交通量 v_a 之间应满足如下的约束条件，即路段上的流量应该是由各个（i，j）对途经该路段的径路的流量累加而成，即

$$v_a = \sum_i \sum_j \sum_k f_k^{ij} \delta_{a,k}^{ij}, \quad \forall\, a$$

$$\text{其中：} \delta_{a,k}^{ij} = \begin{cases} 1, & \text{路段 } a \text{ 在 } (i,\ j) \text{ 间的第 } k \text{ 条路径上，} \\ 0, & \text{其他情况} \end{cases}$$

4.3.3 双层规划模型形式

由上述可以建立公路网络路线布局的双层规划模型为：

上层优化模型（路网系统的总时间最少，路网联结度最大）：

$$
\begin{cases}
\min Z(X_a^l, Y_a^l) = \sum_{a \in A} t_a \left[v_a(X_a^l, Y_a^l), X_a^l, Y_a^l \right] v_a(X_a^l, Y_a^l) \\[3mm]
\max J = \dfrac{\sum_{i=1}^{n} m_i}{n}
\end{cases}
$$

$$
s.t. \begin{cases}
\sum_{a \in A} (c_a^l X_a^l + g_a^l Y_a^l) \leqslant B \\[3mm]
\sum_{a \in A}^{l \in \varphi_a} (L_a^l X_a^l + L_{yy}) \leqslant L_0 \\[3mm]
l_l^* \leqslant \sum_{a \in A}^{l \in \varphi_a} L_a^l \leqslant L_l^* \\[3mm]
\lambda_{low} \leqslant \lambda_a \leqslant \lambda_{\sup}, \forall a \\[3mm]
X_a^l = \begin{cases} 1 & \text{新建路段 } a \text{ 为 } l \text{ 类型} \\ 0 & \text{否则} \end{cases} \\[3mm]
\text{且 } X_a^l \in \{0,1\}, \forall a \in A \\[3mm]
Y_a^l = \begin{cases} 1 & \text{扩建路段 } a \text{ 为 } l \text{ 类型} \\ 0 & \text{否则} \end{cases} \\[3mm]
\text{且 } Y_a^l \in \{0,1\}, \forall a \in A \\[3mm]
l = \{0,1,2,3,4,5\}
\end{cases}
\tag{4-28}
$$

下层优化模型：（单个用户出行时间最少）

$$
\min Z(x) = \sum_{a \in A} \int_0^{v_a(X_a^l, Y_a^l)} t_a \left[v_a(X_a^l, Y_a^l), X_a^l, Y_a^l \right] \mathrm{d} \left[v_a(X_a^l, Y_a^l), X_a^l, Y_a^l \right]
$$

$$s.t. \begin{cases} \sum_k f_k^{ij} = q_{ij} \quad \forall i,j \\[2mm] v_a(X_a^l, Y_a^l) = \sum_i \sum_j \sum_k f_k^{ij} \delta_{a,k}^{ij}, \forall a \\[2mm] \delta_{a,k}^{ij} = \begin{cases} 1, \text{路段 } a \text{ 在}(i,j)\text{ 间的第 } k \text{ 条路径上} \\[1mm] 0, \text{其他情况} \end{cases} \\[2mm] f_k^{ij} \geqslant 0 \quad \forall i,j \end{cases} \quad (4\text{-}29)$$

模型中各量含义为：

$\min Z(X_a^l, Y_a^l)$——公路网的总出行时间；

$t_a[v_a(X_a^l, Y_a^l), X_a^l, Y_a^l]$——路段 a 上的出行时间，是路段交通量 v_a 和决策变量 X_a^l, Y_a^l 的函数；

$v_a(X_a^l, Y_a^l)$——路段 a 上的交通量，是决策变量 X_a^l, Y_a^l 的函数；

J——公路网联结度；

m_i——第 i 结点所邻接的边数；

n——规划区域应连通的结点数；

c_a^l——新建路段 a 为 l 级时单车道造价，万元/km；

g_a^l——改扩建路段 a 为 l 级时的造价，万元/km；

B——建设资金，常数；

L_a^l——等级为 l 级的路段 a 的里程，km；

L_{yy}——规划前（即原有）公路网总里程，km；

L_0——公路网规划总里程，km；

l_l^*——路网中 l 级公路里程下限值，km；

L_l^*——路网中 l 级公路里程上限值，km；

λ_a——规划路段 a 的服务水平，即 V/C（路段交通量与路段通行能力之比）；

λ_{low}——最小允许服务水平；

$\lambda_{\sup}$——最大允许服务水平；

$Z(x)$——用户出行时间；

f_k^{ij}——点对 (i, j) 间的第 k 条路径的交通流量；

$\delta_{a,k}^{ij}$——为路段—路径相关变量；

q_{ij}——i 区与 j 区之间的 OD 出行量。

4.3.4　双层规划模型目标函数转化

由于上述双层规划模型也属于多目标优化模型，故也应首先将其转化为单目标优化模型。

4.3.4.1　下层优化模型的求解

在求解算法上，下层模型可以采用求解无约束极小化问题的最速下降法等方法求解，求解极小值问题的基本运算步骤是寻找下降方向和迭代步长，即

$$x^{n+1} = x^n + \lambda (y_a^n - x_a^n)$$

式中，x^n 是第 n 次迭代时的路段流量向量，λ 是需要确定的迭代步长，而 d^n 是目标函数在 x^n 点的下降方向。

平衡分配模型的求解方法如下[35]：

第一步：初始化。基于初始阻抗 $\{t_a^0 = t_a(0)\}$，执行 $0-1$ 交通流分配，产生路段流量 x_a^1 置 $n=1$；

第二步：更新阻抗。置 $t_a^n = t_a(x_a^n)$　　$\forall a$；

第三步：方向搜索。在现有阻抗 $\{t_a^n\}$ 上，再执行一次 $0-1$ 交通流分配，得到新的路段流量 $\{y_a^n\}$；

第四步：确定迭代步长：用二分法求满足下式的 λ：

$$\sum_a (y_a^n - x_a^n) t_a [x_a^n + \lambda (y_a^n - x_a^n)] = 0$$

第五步：确定新的迭代起点：$x^{n+1}=x^n+\lambda\ (y_a^n-x_a^n)$；

第六步：检查收敛性。

如果满足：$\dfrac{\sqrt{\sum\limits_a\ (x_a^{n+1}-x_a^n)^2}}{\sum\limits_a x_a^n}<\varepsilon$，其中 ε 是预先给定的误差限值，则 $\{x_a^{n+1}\}$ 就是要求的平衡解，计算结束；否则，令 $n=n+1$，转第二步。

关于收敛准则。设计收敛准则是有一定难度的，如果采用路段流量的相对变化率作为收敛指标，就可能错误地发出停止迭代的指示。在实际应用时，通常考虑在预定的迭代次数后停止；也有的用目标函数值的下降情况做衡量准则，但目标函数值却不容易计算。本部分采用预定迭代次数的做法。

4.3.4.2　上层优化模型求解

由于公路网络路线布局双层规划模型的上层优化模型中的两个目标处于冲突状态，即路网联结度目标要求最大，路网系统的运行时间目标要求最小，因此，由上一章中的分析可知，目标函数的转化采用乘除法最合适。

乘除法的主要思想是[40]：

设 $R=\{X\,|\,g\ (X)\geqslant 0,\ i=1,\ 2,\ \cdots,\ m\}$，若对任意 $X\in R$ 均有 $f_j\ (x)>0\ (j=1,\ 2,\ \cdots,\ p)$，且要求 $f_1\ (x),\ \cdots,\ f_r\ (x)$ 越小越好，$f_{r+1}\ (x),\ \cdots,\ f_p\ (x)$ 越大越好，则多目标规划问题：

$$\min F\ (X)=[f_1\ (X),\ \cdots,\ f_r\ (X),\ f_{r+1}\ (X),\ \cdots,\ f_p\ (X)]$$

$$(4-30)$$

等价于下列多目标规划问题：

$$\min F(X)=[f_1(X),\ \cdots,\ f_r(X),\ 1/f_{r+1}(X),\ \cdots,\ 1/f_p(X)]$$

$$(4-31)$$

建立评价函数：

$$h(F) = \Big[\prod_{j=1}^{r} f_j(X)\Big] / \Big[\prod_{j=r+1}^{p} f_j(X)\Big] \tag{4-32}$$

并对该评价函数进行求解，即求

$$\min\Big\{\Big[\prod_{j=1}^{r} f_j(X)\Big] / \Big[\prod_{j=r+1}^{p} f_j(X)\Big]\Big\} \tag{4-33}$$

的最优解，所得解即为原多目标问题的最优解。

综上，采用乘除法可以将公路网络路线布局双层规划模型的上层模型的目标函数转化为：

$$\min Z(X_a^l, Y_a^l) = \sum_{a \in A} t_a\big[v_a(X_a^l, Y_a^l), X_a^l, Y_a^l\big] v_a(X_a^l, Y_a^l) n / \sum_{i=1}^{n} m_i$$

$$\tag{4-34}$$

由于公路网络路线布局双层规划模型的上层优化模型与上文中所建立的公路网络路线布局组合优化模型均属于离散性组合优化模型，因而可应用相同的优化算法求解。

4.4 公路网布局技术评价

公路网布局评价是对优化后的公路网布局方案进行的一项必不可少的工作内容，其目的是进一步对布局方案的科学性和合理性做出评估，量化布局优化时难以综合考虑的因素，如社会影响、环境效应等。方案评价一般由四个子系统组成，即技术评价、经济评价、环境评价和社会评价。相应地，评价指标被分为技术评价指标、经济评价指标、环境评价指标和社会评价指标。从整体而言，公路网的社会效益、环境效益和经济效益如何，首先取决于路网布局方案的技术性能，因而技术评价是评价系统中的重中之重。

公路网布局的技术评价，是从公路网的技术性能方面，分析评价其内部结构和功能。目的是揭示路网的布局质量和使用质量，为验证方案的合理性并进行决策提供技术方面的依据。

4.4.1 技术评价的原则

公路网系统处于复杂的社会大系统中，它与周围环境相互联系，相互依存。当公路网系统发展滞后时，国民经济的发展会受到制约和影响；公路网系统发展过度超前时，资金、土地资源等耗资太大，不能充分发挥投资效益。因此，以保持社会经济持续、稳定、协调发展为目的，使公路网的规划建设与社会经济发展相适应、相协调，是进行公路网规划方案技术评价的根本出发点。鉴于我国公路网发展建设存在滞后性与不平衡性的特点，公路网技术评价更应注重从公路网系统技术性能适应社会经济发展和交通需求的程度方面进行分析评判，而不能一味寻求大规模、高质量的所谓最优方案，这是选择技术评价指标和确定评价标准时应遵循的基本原则。除此之外，技术评价指标的选择还应考虑以下几点基本要求：

（1）科学性。评价指标要有理论根据，并能在数量和质量方面及空间方面和时间上充分反映公路网的技术特征和使用质量。

（2）可测性。包括两个方面的含义：一是评价指标可根据一定的手段和方法求得；二是所用的基础资料比较可靠和易取得。

（3）可比性。要求相同指标可用于不同方案的比较，为此力争使指标实现定量化。对于不能定量的指标，亦应有相对优劣程度的评定标准。

4.4.2 公路网布局技术评价指标体系

技术评价模型或方法是重要的，但科学、合理的评价质量更离不开评价指标的合理选择。国内对公路网技术评价指标的研究相对较多[44][45]，所建立的评价指标体系存在着不同程度的差异[46]。这些评价指标体系建立的目的主要是进行规划路网的综合性能评价，包括路网的规模、交通运营效率和质量、路面质量、路网结构等。由于本部分研究评价指标的目的是对优化后的公路网络布局进行技术性能方面的评价，因此，需要建立公路网络布局技术评价指标体系。

公路网布局的技术评价应针对公路网的等级结构以及公路网的路线布局进行。因此在选择指标时，也应从路网等级结构评价指标和路线布局评价指标两方面进行考虑。由于公路网络路线布局优化是建立在满足和适应路网交通需求的基础上，因此除了需要评价路网的路线布局结构外，还应对优化后的路线布局条件下所能提供的交通质量做出评价。

据此，在借鉴现有的公路网部分技术评价指标的基础上，建立公路网布局技术评价指标体系，如图 4-2 所示。

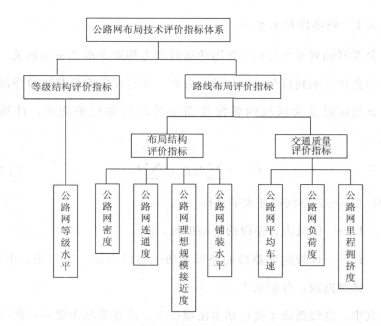

图 4-2　公路网布局技术评价指标体系

4.4.3 公路网布局技术评价的各项指标

图 4-6 中各指标从不同角度反映了公路网的布局质量，其中，公路网等级水平、公路网连通度、公路网负荷度、公路网里程拥挤率以及公路网平均技术车速是研究较成熟、应用也较广泛的技术评价指标。如文献［29］［44～47］等均对这些指标中的部分或全部进行了研究，并各自建立了评价指标体系。对于本部分中所建立的技术评价体系而言，其中：公路网密度、公路网连通度、公路网理想规模接近度是公路网合理发展规模的几个重要指标，其中路网的连通度最大为公路网优化模型的目标，且本部分中将公路网的合理规模作为路网布局优化的一个约束条件，也就是说这几项指标肯定满足模型和评价的要求。另外，这几个指标已经在本书第 2 章中提到过，这里就不再详细阐述。

4.4.3.1 公路网铺装水平

公路网铺装水平与整个路网的通行能力和服务水平密切相关。它一方面直接影响到行车质量；另一方面，又直接影响公路运输经济效益。该指标定义为区域内各路段路面等级的加权平均值，计算公式为：

$$P = \left(\sum L_i P_i\right) / \sum L_i \qquad (4\text{-}35)$$

式中：P——公路网铺装水平（$1 < P < 4$）；

L_i——区域内各路段的公路里程，km；

P_i——区域内各路段的路面等级，对应高级、次高级、中级、低级路面，分别取 1、2、3、4。

其中，高级路面主要包括水泥混凝土、沥青混凝土路面；次高级路面主要包括沥青贯入、沥青、沥青表处、沥青碎石、沥青粒料、沥青沙土等类型路面；中级路面主要包括砾料、粒料、碎石、砾石路面；低级路面主要包括砂土、土路、沙土等类型的路面。

4.4.3.2 公路网等级水平

公路网等级水平用区域内各路段修正技术等级的加权平均值表示。公路等级的高低将直接影响公路交通运行状况。计算公式为：

$$G = \left(\sum L_i G_i / \eta_i \right) \sum L_i \tag{4-36}$$

式中：G——公路网等级水平（$0 \leqslant G \leqslant 5$）；

$\quad L_i$——区域内各路段的公路里程，km；

$\quad G_i$——区域内各路段的技术等级。对应高速、一级、二级、三级、四级、等外，G_i 分别取 0、1、2、3、4、5；

$\quad \eta_i$——区域内各路段的等级修正系数。其计算公式为：

$$\eta_i = a_i \times b_i \tag{4-37}$$

式中：a_i——车道修正系数，为路段实际车道数和标准车道数之比；

$\quad b_i$——车道宽度修正系数，为路段实际车道宽和标准车道宽之比。

各等级公路标准车道数与标准车道宽取值参考《公路工程技术标准》（JTG B01—2003）见表 4-1。

表 4-1　各等级公路标准车道数与车道宽

公路等级	高速公路	一级	二级	三级	四级
标准车道数（双向）	4	4	2	2	1
标准车道宽/m	3.75	3.75	3.75	3.50	3.50

4.4.3.3 公路网平均车速

公路网平均车数是指公路交通中的公路系统、车辆系统和管理系统综合作用的结果，它综合反映了路网的系统性能和交通质量。

路段的平均车速可以通过抽样调查、技术等级折算或按实际交通量计算得到，计算公式为：

$$v = aN^{-b} \qquad (4\text{-}38)$$

式中：v——路段的平均车速，km/h；

　　　N——路段交通量，辆/d。分道行驶时为汽车折算值，混合行驶时为混合交通量折算值；

　　　a，b——与公路技术等级有关的常数。

对路网整体而言，平均车速计算公式为：

$$V = \left[\sum_i (V_i L_i q_i) \right] / \sum_i L_i q_i \qquad (4\text{-}39)$$

式中：v——公路网的平均车速，km/h；

　　　V_i——公路网中第 i 路段的平均车速，km/h；

　　　L_i——公路网中第 i 路段的长度，km；

　　　q_i——公路网中第 i 路段的交通量，辆/d。

4.4.3.4　公路网负荷度

公路网负荷度定义为公路网实际符合交通量和容许最大负荷交通量（设计容量）之比（也称阻塞度或拥挤度），表示整个路网拥挤或利用的程度，反映出整个路网承担交通负荷度能力，从整体上表征路网的畅通性能，是反映路网适应性的一项重要技术指标。计算公式为：

$$S = Q/C = \frac{\sum q_i L_i}{\sum C_i L_i} \qquad (4\text{-}40)$$

式中：q_i——公路网中第 i 路段实际服务交通量或分配交通量，辆/d；

　　　C_i——公路网中第 i 路段设计容量，辆/d。

4.4.4　技术评价标准

如前所述，以保持社会经济持续、稳定、协调发展为目的，使公路网系统的规划与社会经济发展相适应、相协调，是公路网技术评价的基本出发点。换句话说，公路网技术评价应着眼于考察公路网的各项技术指标适应社会经济发展和交通需要的程度。为此技术评价标准的制定必须具备动态性，体现出时间和空间的差异性。

在时间方面，由过去到现在到未来，经济不断发展，对公路交通的需求也相应增加，同样的公路网系统能适应现在的需求，并不一定能适应未来某一时期的需求；在空间方面，我国的东部地区、中部一级西部地区，经济发展水平各不相同，对公路交通需求也有所不同。而时间和空间方面的差异，从根本上看是经济水平的差异。正是由于社会经济的发展变化决定了公路网必须要发展。因此，公路网技术评价标准必须紧紧围绕规划区域的经济发展水平来制定。

在以上介绍的各项技术评价指标中，反映网络结构性能的几项指标直接与公路网系统的建设规模、建设质量相关联，而公路网的建设规模与质量并非越大越高越好，而是应与规划区域规划期的经济发展水平、交通需求相适应。因此，这几项指标应该存在一个理想值（或者合理值），可以用各项指标的理想值作为评价标准。反映交通质量状况的三项指标是公路网系统规划布局质量优劣的直接体现，从评价角度来看，可以只进行相对评价。

4.5 本章小结

本章总结分析了公路网结点选择的原则和结点层次划分方法，考虑结点的交通运输水平，将结点的运输量作为确定结点重要度的一个指标，对现有结点重要度模型进行了改进，并提出借助于聚类分析法来确定模型中各指标权重的试算方法：首先根据主观判断给出各指标

的权重，然后根据计算得到的结点重要度来排定结点顺序，并划分结点层次，将结点层次划分结果与采用聚类分析法得到的结点层次划分结果进行对比后调整权重，直到两种方法得到的结点层次基本相同时为止，此时对应的权重即为所求的权重。

考虑到在公路网络路线布局优化的实践中，优化目标的选择和优化模型的建立没有考虑公路网络在层次上的差异性，即没有根据公路网所属层次确定布局优化的目标并建立适合该公路网络的布局优化模型。为此，本章拟在分析公路网络的功能及特点的基础上，分层次分别研究适合国家级公路网络和省、市级公路网络的路线布局优化的目标，并建立各自的路线布局优化模型。对于以国家干线公路网为代表的国家级公路网的路线布局采用的是组合优化模型，而以市域公路网为代表的省、市级公路网的路线布局采用的是双层规划模型。

最后在借鉴现有的公路网部分技术评价指标的基础上建立了公路网布局技术评价指标体系。从而验证公路网路线布局优化模型的合理性和可实施性，使得规划公路网与社会经济发展相适应、相协调。

5 算例分析

5.1 遗传算法

5.1.1 遗传算法的产生与发展

按照达尔文的生物进化理论，任何一个物种从诞生开始就不断地从低级简单的类型向高级复杂的类型进化，在漫长的进化过程中，物种内部、物种之间以及生物与自然界之间存在着激烈的竞争，只有生存能力强的生物个体才能存活下去，而生存能力差的个体将被淘汰。达尔文称这种现象为"自然选择，适者生存"。生物的进化本质上是一个优化过程，在进化过程中生物群体不断地得到完善和发展，这种过程在计算科学中具有重要的借鉴意义。

遗传算法 GA（Geneitc Algorithms）就是在达尔文的进化论基础上发展起来的。它是借鉴生物界的自然选择和自然遗传机制的一种随机搜索算法，第一次真正意义上提出该算法的是美国密歇根大学的 Hofland 教授。

1975 年，Hlolland 教授出版了一本关于遗传算法的著作 *Adapta-*

tion in Natural and Artificial system，系统地阐述了遗传算法的基本原理和方法，并提出了模式定理和隐形并行性原理，从而奠定了遗传算法的理论基础。同年，De Jong 也发表了他的博士论文 *An analysis of behavior of a class of genetic adaptive system*，其与 Holland 教授的 *Adaptation in Natural and Artificial system* 一道被公认是共同构成了遗传算法的基础[50]。

20 世纪 80 年代中期，遗传算法的研究和应用得到了蓬勃发展。1958 年，在美国召开了第一届关于遗传算法的国际会议 ICGA（International Conference on Genctic Algorithm），讨论了遗传算法的研究与应用价值。本次会议成为遗传算法发展过程中的一个重要里程碑，此后该会议每隔一年举办一次[52]。

到了 20 世纪 80 年代末和 90 年代初期，科学和工程等领域中的大量优化问题亟须解决，而传统的优化方法难以满足要求，因此遗传算法的发展达到了一个高潮。1989 年，Goldberg 出版了一本关于遗传算法的专著 *Genctic Algorithms in Search，Optimization and Machine Learning*，全面论述了遗传算法的基本原理及应用，奠定了现代遗传算法的科学基础[50][51][52]。

进入 20 世纪 90 年代，遗传算法迎来了兴盛发展时期，无论是理论研究还是应用研究都成了十分热门的课题。尤其是遗传算法的应用研究显得格外活跃，不但它的应用领域扩大，而且利用遗传算法进行优化和规则学习的能力也显著提高，同时产业应用方面的研究也在摸索之中。此外一些新的理论和方法在应用研究中亦得到了迅速的发展，这些无疑均给遗传算法增添了新的活力。遗传算法的应用研究已从初期的组合优化求解扩展到了许多更新、更工程化的应用方面。

随着应用领域的扩展，遗传算法的研究出现了几个引人注目的新动向：一是基于遗传算法的机器学习，这一新的研究课题把遗传算法从历来离散的搜索空间的优化搜索算法扩展到具有独特的规则生成功能的崭新的机器学习算法。这一新的学习机制对于解决人工智能中知识获取和知识优化精炼的瓶颈难题带来了希望。二是遗传算法正日益和神经网络、模糊推理以及混沌理论等其他智能计算方法相互渗透和结合，这对开拓 21 世纪新的智能计算技术将具有重要的意义。三是并行处理的遗传算法的研究十分活跃。这一研究不仅对遗传算法本身的发展，而且对于新一代智能计算机体系结构的研究都是十分重要的。四是遗传算法和另一个称为人工生命的崭新研究领域正不断渗透。所谓人工生命即是用计算机模拟自然界丰富多彩的生命现象，其中生物的自适应、进化和免疫等现象是人工生命的重要研究对象，而遗传算法在这方面将会发挥一定的作用，五是遗传算法和进化规划（Evolution Programming，EP）以及进化策略（Evolution Strategy，ES）等进化计算理论日益结合。EP 和 ES 几乎是和遗传算法同时独立发展起来的，同遗传算法一样，它们也是模拟自然界生物进化机制的智能计算方法，即同遗传算法具有相同之处，也有各自的特点。，这三者之间的比较研究和彼此结合的探讨正形成热点。

1991 年 D. Whitey 在他的论文中提出了基于领域交叉的交叉算子（Adjacency based crossover），这个算子是特别针对用序号表示基因的个体的交叉，并将其应用到了 TSP 问题中，通过实验对其进行了验证。

1992 年，Koza 将遗传算法应用于计算机程序的优化设计及自动生成，并提出遗传规划 GP（Genetic Programming）的概念网。这个概念在人工智能、机器学习等方面得到了成功的应用。

1994 年，IEEE 神经网络委员会主持召开了第一届进化计算国际会议，并成立了 IEEE 进化计算委员会，此会每 3 年与 IEEE 神经网络国际会议、IEEE 模糊系统国际会议在同一地点先后连续举行，共同称为 IEEE 计算智能 CI 国际会议，并分别出版 *IEEE Transaction*

on *Evolutionary Computation*、*IEEE Transactions on Neural Networks* 和 *IEEE Transactions on Fuzzy Sets* 学术期刊。另外，进化计算的国际期刊 *Evolutionary Computation* 诞生于 1993 年。以遗传算法为主要内容的进化计算的研究也在其他学术期刊中出版了专辑。

D. H. Ackley 等提出了随即迭代遗传爬山法（Stochastic Iterated Genetic Hill-climbing，SIGH）采用了一种复杂的概率选举机制，此机制中由 m 个"投票者"来共同决定新个体的值（m 表示群体的大小）。实验结果表明，SIGH 与单点交叉、均匀交叉的神经遗传算法相比，所测试的 6 个函数中有 4 个表现出更好的性能，而且总体来讲，SIGH 比现存的许多算法在求解速度方面更有竞争力。

H. Bersini 和 G. Seront 将遗传算法与单一方法（simplex method）结合起来，形成了一种叫单一操作的多亲交叉算子（simplex crossover），该算子在根据两个母体以及一个额外的个体产生新个体，事实上他的交叉结果与对 3 个个体用选举交叉产生的结果一致。同时，文献还将三者交叉算子与点交叉、均匀交叉做了比较，结果表明，三者交叉算子比其余两个有更好的性能。

国内也有不少的专家和学者对遗传算法的交叉算子进行改进。2002 年，戴晓明等应用多种群遗传并行进化的思想，对不同种群基于不同的遗传策略，如变异概率、不同的变异算子等来搜索变量空间，并利用种群间迁移算子来进行遗传信息交流，以解决经典遗传算法的收敛到局部最优值问题

2004 年，赵宏立等针对简单遗传算法在较大规模组合优化问题上搜索效率不高的现象，提出了一种用基因块编码的并行遗传算法（Building-block Coded Parallel GA，BCPGA）。该方法以粗粒度并行遗传算法为基本框架，在染色体群体中识别出可能的基因块，然后用基因块作为新的基因单位对染色体重新编码，产生长度较短的染色体，在

用重新编码的染色体群体作为下一轮以相同方式演化的初始群体。

2005 年，江雷等针对并行遗传算法求解 TSP 问题，探讨了使用弹性策略来维持群体的多样性，使得算法跨过局部收敛的障碍，向全局最优解方向进化。

经过数十年的发展，遗传算法已经成为信息科学、计算机科学和应用科学等领域的重要工具，许多传统方法不能解决或者解决不好的问题，在遗传算法中大都得到了解决。遗传算法的实际价值得到了肯定，并吸引了更多的研究人员对其进行更为深入的研究，同时也进一步拓宽了其应用的领域。基本遗传算法由于其进化策略过于简单、缺乏灵活性，往往只能解决一些比较初级的优化问题，而对于复杂度较大的优化问题可能就不太理想．为克服这样的缺陷，大量的遗传算法改进版本应运而生，改进的主要方面在于编码方式、遗传算子以及多个目标的处理方式等方面，当然这些改进的遗传的算法都是以简单的遗传算法作为基础的。

5.1.2 遗传算法的基本原理

遗传算法是通过模拟自然选择和自然遗传机制而形成的一种随机搜索算法，其基本思想主要来自达尔文的进化论。它以编码空间代替问题的参数空间，以适应度函数作为评价种群个体的依据，并采用选择、交叉和变异 3 个基本操作建立起一个迭代过程，实现对自然选择和遗传机制的模拟。每一次迭代都是一个进化过程，通过该迭代得到的子代个体总是优于其父代个体，因此经过一定代数的进化，经过算法优化所得到的种群个体就很可能逼近于实际的最优解集，从而达到求解的目的。

达尔文的自然选择学说认为，生物群体的进化机制可分为 3 种形式。

①自然选择、适者生存。自然选择决定了生物群体的发展方向，适应环境能力强的生物个体生存能力比较强，被保留下来的概率较大，选择的结果是这样的优势个体在种群的数量比较大。

②杂交。通过杂交，子代个体继承了父代个体的遗传物质，并产生一系列不同于父代个体的染色体。

③基因突变。通过随机改变种群个体的染色体上的基因结构使得这些个体产生基因突变，获得一些具有新染色体的子代个体。基因突变在获得种群多样性方面具有不可替代的作用。

如上所述的 3 种进化机制在遗传算法中就分别是选择、交叉和变异三种基本操作，并通过计算机编程来实现。

5.1.3　遗传算法的基本操作

5.1.3.1　遗传编码

在遗传算法的运行过程中，它不对所求解问题的实际决策变量直接进行操作，而是对表示可行解的个体编码施加选择、交叉、变异等遗传运算，通过这种遗传操作来达到优化的目的，这是遗传算法的特点之一。遗传算法通过这种对个体编码的操作，不断搜索出适应度较高的个体，并在群体中逐渐增加其数量，最终寻求出问题的最优解或近似最优解。在遗传算法中如何描述问题的可行解，即把一个问题的可行解从其解空间转换到遗传算法所能处理的搜索空间的转换方法就称为编码。编码方法可以分为三大类：二进制编码方法、浮点数编码方法和符号编码方法。下面从具体实现的角度出发介绍其中的几种主要编码方法。

（1）二进制编码方法：二进制编码方法是遗传算法中常用的一种编码方法，它使用的编码符号集是由二进制符号 0 和 1 所组成的二值

符号集 ｛0，1｝，它所构成的个体基因型是一个二进制编码符号串。二进制编码符号串的长度与问题所要求的求解精度有关。假设某一参数的取值范围是 $[U_{\min}, U_{\max}]$，用长度为 L 的二进制编码符号串来表示该参数，则它总共能够产生 2^L 种不同的编码。

二进制编码方法有下述一些优点：

①编码、解码操作简单易行。

②交叉、变异等遗传操作便于实现。

③符合最小字符集编码原则。

④便于利用模式定理对算法进行理论分析。

（2）浮点数编码方法：对于一些多维、高精度要求的连续函数优化问题，使用二进制编码来表示个体时将会有一些不利之处。首先是二进制编码存在着连续函数离散化时的映射误差。个体编码串的长度较短时，可能达不到精度要求；而个体编码串的长度较长时，虽然能提高编码精度，但却会使遗传算法的搜索空间急剧扩大。其次是二进制编码不便于反映所求问题的特定知识，这样也就不便于开发针对问题专门知识的遗传运算算子，人们在一些经典优化算法的研究中所总结出的一些宝贵经验也就无法在这里加以利用，也不便于处理非约束条件优化问题。

为改进二进制编码方法的这些缺点，人们提出了个体的浮点数编码方法。所谓浮点数编码方法，是指个体的每个基因值用某一范围内的一个浮点数来表示，个体的编码长度等于其决策变量的个数。因为这种编码方法使用的是决策变量的其实值，所以浮点数编码方法也叫作真值编码方法。在浮点数编码方法中，必须保证基因值在给定的区间限制范围内，遗传算法中所使用的交叉、变异等遗传算子也必须保证其运算结果所产生的新个体的基因值也在这个区间限制范围内。再者，当用多个字节来表示一个基因值时，交叉运算必须在两个基因的

分界字节处进行，而不能在某个基因的中间字节分隔处进行。

浮点数编码方法有下面几个优点：

①适合于在遗传算法中表示范围较大的数。

②适合于精度要求较高的遗传算法。

③便于较大空间的遗传搜索。

④改善了遗传算法的计算复杂性，提高了运算效率。

⑤便于遗传算法与经典优化方法的混合使用。

⑥便于设计针对专业知识的知识型遗传算子。

⑦便于处理复杂的决策变量约束条件。

（3）符号编码方法：符号编码方法是指个体染色体编码串中的基因值取自一个无数值含义、而只有代码含义的符号集。这个符号集可以是一个字母表，如 ｛A，B，C，D，…｝；也可以是一个数字序号表，如 ｛1，2，3，4，5，…｝；还可以是一个代码表，如 ｛A1，A2，A3，A4，A5，…｝等。符号编号方法是为了一些特定的优化问题所设计，例如旅行商问题、网络路由问题等。

符号编码的主要优点是：

①符合有意义积木块编码原则。

②便于在遗传算法中利用所求解问题的专门知识。

③便于遗传算法与相关近似算法之间的混合使用。

但对于使用符号编码方法的遗传算法，一般需要认真设计交叉、变异等遗传运算的操作方法，以满足问题的各种约束要求，这样才能提高算法的搜索性能。

5.1.3.2　适应度函数

在研究自然界中生物的遗传和进化现象时，生物学家使用适应度这个术语来度量某个物种对于其生存环境的适应程度。对生存环境适应程度较高的物种将有更多的繁殖机会；而对生存环境适应程度较低的物种，其繁殖机会就相对较少，甚至会逐渐灭绝。与此相类似，遗传算法中也使用适应度这个概念来度量群体中各个个体在优化计算中有可能达到或接近于或有助于找到最优解的优良程度。适应度较高的个体遗传到下一代的概率就较大；而适应度较低的个体遗传到下一代的概率就相对小一些。度量个体适应度的函数称为适应度函数。

遗传算法的一个特点是它仅使用所求问题的目标函数值就可得到下一步的有关搜索信息。而对目标函数值的使用是通过评价个体的适应度来体现的。评价个体适应度的一般过程是：

①对个体编码串进行解码处理后，可得到个体的表现型。

②由个体的表现型可计算出对应个体的目标函数值。

③根据最优化问题的类型，由目标函数值按一定的转换规则求出个体的适应度。

5.1.3.3 遗传算子

（1）选择算子。

在生物的遗传和自然进化过程中，对生存环境适应程度较高的物种将有更多的机会遗传到下一代；而对生存环境适应程度较低的物种遗传到下一代的机会就相对较少。模仿这个过程，遗传算法使用选择算子来对群体中的个体进行优胜劣汰操作；适应度较高的个体被遗传到下一代群体中的概率较大，适应度较低的个体被遗传到下一代群体中的概率较小。遗传算法中的选择操作就是用来确定如何从父代群体中按某种方法选取哪些个体遗传到下一代群体中的一种遗传运算。

选择操作建立在对个体的适应度进行评价的基础之上。选择操作的主要目的是为了避免基因缺失、提高全局收敛性和计算效率。最常用的选择算子是基本遗传算法中的比例选择算子。但对于各种不同的

问题，比例选择算子并不是最合适的一种选择算子，所以提出了其他一些选择算子。下面介绍几种常用选择算子的操作方法。

一是比例选择。比例选择方法是一种回放式随机采样的方法。其基本思想是：各个个体被选中的概率与其适应度大小成正比。由于是随机操作的原因，这种选择方法的选择误差比较大，有时适应度较高的个体也选择不上。

设群体大小为 M，个体 i 的适应度为 F_i，则个体 i 被选中的概率为：

$$P_j = \frac{F_i}{\sum\limits_{i=1}^{M} F_i} \tag{5-1}$$

可见，适应度越高的个体被选中的概率也越大，适应度越低的个体被选中的概率也越小。

二是排序选择。选择比例选择依据主要是各个个体适应度的具体数值，一般要求它取非负值，这就使得在选择操作之前必须先对一些负的适应度进行变换处理。而排序选择方法主要着眼点是个体适应度之间的大小关系，对个体适应度是否取正值或负值以及个体适应度之间的数值差异程度并无特别要求．排序选择方法的主要思想是：对群体中的所有个体按其适应度大小进行排序，基于这个排序来分配各个个体被选中的概率。其具体操作过程是：

①对群体中的所有个体按其适应度大小进行降序排序。

②根据具体求解问题，设计一个概率分配表，将各个概率值按上述排列次序分配给各个个体。

③以各个个体所分配到的概率值作为其能够被遗传到下一代的概率，基于这些概率值用比例选择的方法来产生下一代群体。

该方法的实施必须根据对所研究问题的分析和理解情况预先设计一个概率分配表，这个设计过程无一定规律可循；另一方面，虽然依据个体适应度之间的大小次序给个体分配了一个选中概率，但由于具体选中哪一个个体仍是使用了随机性较强的比例选择方法，所以排序选择方法仍具有较大的选择误差。

三是随机联赛选择。随机联赛选择也是一种基于个体适应度之间大小关系的选择方法。其基本思想是每次选取几个个体之中适应度最高的一个个体遗传到下一代群体中。在联赛选择操作中，只有个体适应度之间的大小比较运算，而无个体适应度之间的算术运算，所以它对个体适应度是取正值还是取负值无特别要求。联赛选择中，每次进行适应度大小比较的个体数目称为联赛规模。一般情况下，联赛规模 N 的取值为 2。联赛选择的具体操作过程是：

①从群体中随机选取 N 个个体进行适应度大小的比较，将其中适应度最高的个体遗传到下一代群体中。

②将上述过程重复 M 次，就可得到下一代群体中的 M 个个体。

（2）交叉算子。

在生物的自然进化过程中，两个同级染色体通过交配而重组，形成新的染色体，从而产生出新的个体或物种。交配重组是生物遗传和进化过程中的一个主要环节。模仿这个环节，在遗传算法中也使用交叉算子来产生新的个体。遗传算法中的所谓交叉运算，是指对两个相互配对的染色体按某种方式相互交换其部分基因，从而形成两个新的个体。交叉运算是遗传算法区别于其他进化算法的重要特征，它在遗传算法中起着关键作用，是产生新个体的主要方法。

常用的交叉算子是单点交叉算子。但单点交叉操作有一定的适用范围，随后又发展了其他一些交叉算子。下面介绍几种适合于二进制编码个体或浮点数编码个体的交叉算子。

一是单点交叉。单点交叉又称为简单交叉，它是指在个体编码串中只随机设置一个交叉点，然后在该点相互交换两个配对个体的部分

染色体。单点交叉的重要特点是：若邻接基因座之间的关系能提供较好的个体性状和较高的个体适应度的话，则这种单点交叉操作破坏这种个体性状和降低个体适应度的可能性最小。

二是双点交叉和多点交叉。双点交叉是指在个体编码串中随机设置了二个交叉点，然后再进行部分基因交换。双点交叉的具体操作过程是：

①在相互配对的两个个体编码串中随机设置两个交叉点。

②交换两个个体在所设定的两个交叉点之间的部分染色体。

将单点交叉和双点交叉的概念加以推广，可得到多点交叉的概念。多点交叉是指在个体编码串中随机设置了多个交叉点，然后进行基因交换。多点交叉又称为广义交叉，其操作过程与单点交叉和双点交叉相类似。

遗传算法中一般不大使用多点交叉算子，因为它有可能破坏一些好的模式。事实上，随着交叉点数的增多，个体的结构被破坏的可能性也逐渐增大，这样就很难有效地保存较好的模式．从而影响遗传算法的性能。

三是均匀交叉。均匀交叉是指两个配对个体的每一个基因座上的基因都以相同的交叉概率进行交换，从而形成两个新的个体。均匀交叉实际上可归属于多点交叉的范围，其具体运算可通过设置一个屏蔽字来确定新个体的各个基因由哪一个父代个体来提供。均匀交叉的主要操作过程如下：

①随机产生一个与个体编码串长度等长的屏蔽字 $W = w_1 w_2 \cdots w_i$，其中 l 为个体编码串长度；

②由下述规则从 A、B 两个父代个体中产生出两个新的子代个体 C、D。

若 $w_i = 0$，则 C 在第 1 个基因座上的基因值继承 A 的对应基因值，D 在第 1 个基因座上的基因值继承 B 的对应基因值；

若 $w_i=1$，则 C 在第 1 个基因座上的基因值继承 B 的对应基因值，D 在第 1 个基因座上的基因值继承 A 的对应基因值。

四是算术交叉。算术交叉是指由两个个体的线性组合而产生出两个新的个体。为了能够进行线性组合运算，算术交叉的操作对象一般是由浮点数编码所表示的个体。

假设在两个个体 x_A^t、x_B^t 之间进行算术交叉，则交叉运算后所产生出的两个新个体是：

$$x_A^{t+1}=ax_B^t+(1-a)\ x_A^t \qquad (5\text{-}2)$$

$$x_B^{t+1}=ax_A^t+(1-a)\ x_B^t \qquad (5\text{-}3)$$

式（5-2）和式（5-3）中 a 为一参数，它可以是一个常数，此时所进行的交叉运算称为均匀算术交叉；它也可以是一个由进化代数所决定的变量，此时所进行的交叉运算称为非均匀算术交叉。

算术交叉的主要操作过程是：

①确定两个个体进行线性组合时的系数；

②依据式（5-2）和（5-3）生成两个新的个体。

（3）变异算子。

在生物的遗传和自然进化过程中，其细胞分裂复制环节有可能会因为某些偶然因素的影响而产生一些复制差错，这样就会导致生物的某些基因发生某种变异，从而产生出新的染色体，表现出新的生物特征。虽然发生这种变异的可能性比较小，但它也是产生新物种的一个不可忽视的原因。模仿生物遗传和进化过程中的这个变异环节，在遗传算法中也引入了变异其子来产生出新的个体。

遗传算法中的所谓变异运算，是指将个体染色体编码串中的某些基因座上的基因值用该基因座的其他等位基因来替换，从而形成一个新的个体。例如，对于二进制编码的个体，其编码字符集为 {0，1}，

变异操作就是将个体在变异点上的基因值取反，即用 0 替换 1，或用 1 替换 0；对于浮点数编码的个体，若某一变异点处的基因值的取值范围为 $[U_{min}, U_{max}]$，变异操作就是用该范围内的一个随机数去替换原基因值；对于符号编码的个体，若其编码字符集为 {A，B，C，…}，变异操作就是用这个字符集中的一个随机指定的且与原基因值不相同的符号去替换变异点上的原有符号。

从遗传运算过程中产生新个体的能力方面来说，交叉运算是产生新个体的主要方法，它决定了遗传算法的全局搜索能力；而变异运算只是产生新个体的辅助方法，但它也是必不可少的一个运算步骤，因为它决定了遗传算法的局部搜索能力。交叉算子与变异算子的相互配合，共同完成对搜索空间的全局搜索和局部搜索，从而使得遗传算法能够以良好的搜索性能完成优化问题的寻优过程。

最简单的变异算子是基本位变异算子。为适应各种不同应用问题的求解需要，也开发出了其他一些变异算子。下面介绍其中较常用的几种变异操作方法，它们适合于二进制编码的个体和浮点数编码的个体。

一是基本位变异。基本位变异操作是指对在个体编码串中以变异概率随机指定的某一位或某几位基因座上的基因值作变异运算，基本位变异操作改变的只是个体编码串中的个别几个基因座上的基因值，并且变异发生的概率也比较小，所以其发挥的作用比较慢，作用的效果也不明显。

二是均匀变异。均匀变异操作是指分别用符合某一范围内均匀分布的随机数，以某一较小的概率来替换个体编码串中各个基因座上的原有基因值。均匀变异的具体操作过程是：

① 依次指定个体编码串中的每个基因座为变异点；

② 对每一个变异点，以变异概率从对应基因的取值范围内取一随

机数来替代原有基因值。

均匀变异操作特别适合应用于遗传算法的初期运行阶段，它使得搜索点可以在整个搜索空间内自由地移动，从而可以增加群体的多样性，使算法处理更多的模式。

三是非均匀变异。均匀变异操作取某一范围内均匀分布的随机数来替换原有基因值，可使得个体在搜索空间内自由移动。但另一方面，它却不便于对某一重点区域进行局部搜索。为改进这个性能，不取均匀分布的随机数去替换原有的基因值，而是对原有基因值作一随机扰动，以扰动后的结果作为变异后的新基因值。对每个基因座都以相同的概率进行变异运算之后，相当于整个解向量在解空间中作了一个轻微的变动。这种变异操作方法就称为非均匀变异。

四是高斯变异。高斯变异是改进遗传算法对重点搜索区域的局部搜索性能的另一种变异操作方法。所谓高斯变异操作是指进行变异操作时，用符合均值为拼、方差为护的正态分布的一个随机数来替换原有基因值。

5.1.4 遗传算法的运算流程

Hollan 教授提出的遗传算法，现在一般称之为简单遗传算法SGA（Simple Genetic Algorithms），是各类改进型遗传算法的基础。完整的遗传算法运算流程可以用（图 5-1）来描述。

由图可以看出，使用上述的三种遗传算子（选择算子、交叉算子和编译算子）的遗传算法的主要运算过程如下。

第一，参数进行编码。在利用遗传算法进行求解之前，需要将问题空间上的参数进行编码，这个视具体优化问题而定，通常情况下采用二进制编码可以解决问题，即将参数转换成由 0 和 1 组成的数字串。

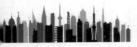
第二，初始化种群。种群的大小可以人为确定，一般而言，种群取得越大则可供选择的面越宽，就容易得到更好的结果。但是种群选取过大的话，优化的速度就会减慢。因此根据经验并结合实际的实验来大致确定种群的大小。

第三，确定适应度函数。适应度函数的设计非常重要，遗传算法就是根据适应度函数值的大小来判断种群个体的优劣性，从而进行选择操作。适应度函数一般是通过问题的目标函数转换而来，通常情况下需要对目标函数进行变形。

第四，执行选择、交叉和变异操作。

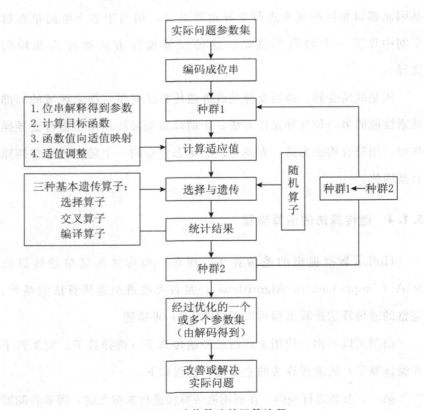

图 5-1　遗传算法的运算流程

终止条件：通过遗传算法的优化计算，种群越来越逼近最优解集，一般从某一代开始种群会以很高的精度趋于期望的最优解集，因此从这一代开始的优化显得有些多余，有必要设置合理的终止条件。一般来说，有这么几种方法可以作为算法终止的条件。

一是确定一个最大的进化代数，当进化到这一代时，算法自动终止运行；

二是设定一个期望的适应度函数值，只有当种群中存在能达到该期望值的个体时，算法终止；

三是预先设定一个值，当种群的平均适应度值超过该值时，算法终止。

5.2 组合优化模型算例——东北地区公路网络规划

东北地区包括辽宁、吉林、黑龙江三省和内蒙古自治区东部三市二盟（赤峰市、通辽市、呼伦贝尔市、兴安盟、锡林郭勒盟）。全区国土面积约 145.8 万平方千米，占全国陆地国土面积的 15.2％。东北地区地处我国东北部，全境位于东经 111°～135°和北纬 32°～54°，是我国纬度最偏北、经度最偏东的经济区。

5.2.1 路网现状

东北地区建成高速公路详见表 5-1。

表 5-1　东北地区建成高速公路一览表

高速公路起止城市	里程/（km）	高速公路起止城市	里程/（km）
沈阳—山海关	361	长春—营城子	68.7
沈阳—大连	375	长春绕城高速公路	42
沈阳—丹东	224	长春—哈尔滨	360
沈阳—抚顺	63	吉林—江密峰	30
沈阳—四平	160	延吉—图们	29
沈阳绕城高速公路	81.9	哈尔滨—佳木斯	324
丹东—大连	260	哈尔滨—大庆	132.9
阜新—锦州	117	哈尔滨—绥芬河	470
朝阳—锦州	93	哈尔滨—绥化	79
盘锦—海城	80	哈尔滨绕城高速公路	37
长春—四平	133	鹤岗—佳木斯	35
长春—吉林	83.6		

5.2.2 路网结点选择

为了便于交通量的预测，考虑到资料收集的难易程度、地理、社会经济和行政区划等特点，根据数据资料的占有情况，把整个东北地区划分为 44 个交通小区。路网结点为各省地级及地级以上城市，结点总数为 44 个。路网现状及各结点相对位置如图 5-2 所示。

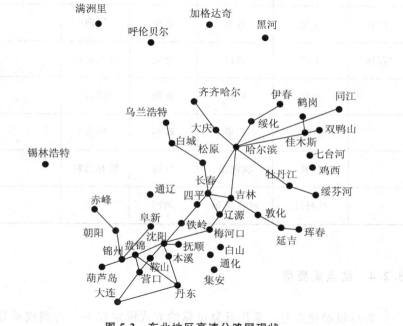

图 5-2　东北地区高速公路网现状

5.2.3 结点层次划分

根据各结点的社会经济指标：人口、GDP、客运量、货运量，采用聚类分析法将结点划分为三个层次：重要结点、较重要结点和一般结点，各结点所属层次见表 5-2。

表 5-2　高速公路网络结点所属层次

重要节点	较重要节点		一般节点		
沈阳	大庆	绥芬河	通辽	白城	鹤岗
哈尔滨	鞍山	四平	佳木斯	阜新	七台河
大连	齐齐哈尔	葫芦岛	同江	白山	加格达奇
长春	绥化	丹东	通化	黑河	
吉林	本溪	营口	集安	乌兰浩特	
	赤峰	铁岭	朝阳	双鸭山	
	抚顺	松原	珲春	伊春	
	锦州	满洲里	盘锦	锡林浩特	
	牡丹江	呼伦贝尔	鸡西	辽源	

5.2.4　结点重要度

为尽量避免误差，采用反复试算的方式确定权重，得到权重分别为：人口（0.3），GDP（0.5）、客运量（0.1）、货运量（0.1）。据此，应用改进的结点重要度模型可得到各结点的重要度，见表 5-3。

表 5-3　各结点重要度值

ID	节点名称	节点重要度	ID	节点名称	节点重要度
1	满洲里	2.06	23	丹东	2.17
2	呼伦贝尔	2.06	24	大连	10.72

续 表

ID	节点名称	节点重要度	ID	节点名称	节点重要度
3	加格达奇	0.46	25	锡林浩特	0.87
4	齐齐哈尔	3.87	26	集安	1.88
5	大庆	4.69	27	赤峰	2.96
6	哈尔滨	11.96	28	营口	2.1
7	黑河	1.09	29	绥化	3.65
8	伊春	0.91	30	鸡西	1.55
9	佳木斯	1.95	31	白山	1.11
10	鹤岗	0.8	32	铁岭	2.09
11	同江	1.95	33	本溪	3.27
12	牡丹江	2.45	34	盘锦	1.8
13	绥芬河	2.45	35	锦州	2.64
14	长春	9.47	36	葫芦岛	2.19
15	吉林	5.05	37	阜新	1.34
16	松原	2.08	38	朝阳	1.86
17	珲春	1.8	39	双鸭山	1.07
18	乌兰浩特	1.08	40	七台河	0.7
19	通辽	1.98	41	辽源	0.86

续　表

ID	节点名称	节点重要度	ID	节点名称	节点重要度
20	沈阳	12.31	42	白城	1.47
21	四平	2.34	43	鞍山	4.62
22	通化	1.88	44	抚顺	2.72

5.2.5　结点之间的 OD 交换量

分别以各结点城市所在区域为交通小区，可以将路网划分为 44 个交通小区，由各结点（结点编号与小区编号相同）所代表的小区社会经济指标及小区之间的 OD 交换量，本部分中将任意两个节点重要度的和作为初始 OD 矩阵中两个交通小区之间的 OD 交通量，便得到了代替种子矩阵的初始节点重要度矩阵，它充分考虑了各小区之间交通需求的相对大小。通过计算，得到了较好的结果。继而对于未来年的交通量进行预测，得到未来年的 OD 交通量。

5.2.6　备选路线的确定

确定备选路线时，应根据结点之间的相对位置、相对重要度以及路网在整体上的布局形式来综合考虑。如当路网为方格网状布局形式时，路网中各结点的邻接边数通常不应少于四条（边界结点除外）；而当路网为放射式布局形式时，路网中核心结点的邻接边数甚至更多，可结合路网中各结点的实际情况具体分析确定。

为了验证遗传算法应用于大规模路网优化问题的优越性，本部分没有考虑路网实际布局的可能性，而是构造了规模尽量大的路网，方法是使每个结点均与周围的结点相连接，并将这些连线作为备选路线。据此得到的备选路线总数为 149 条，如图 5-3 所示。

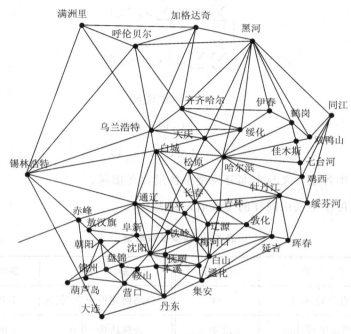

图 5-3　路网备选路线图

5.2.7　布局优化模型及参数取值

为了比较本部分所建立的路线布局组合优化模型与现有的布局优化模型之间的差异和合理性，现针对同一路网，分别建路网布局优化重要度模型和路网布局组合优化模型。其中：

路网布局优化重要度模型的形式为：

$$\max I_N = \sum_{i=1}^{n-1}\sum_{j=i+1}^{n} IP_{ij} \cdot x_{ij} \cdot \frac{L_{ij}}{L_n}$$

$$= \frac{1}{(n-1)\cdot L_n} \cdot \sum_{i=1}^{n-1}\sum_{j=i+1}^{n}(I_i+I_j)\cdot x_{ij}$$

$$s.t.\begin{cases} \sum_{i=1}^{n-1}\sum_{j=i+1}^{n}L_{ij}\cdot x_{ij}\leqslant L_n \\[2mm] \sum_{k=1}^{i-1}x_{ki}+\sum_{j=i+1}^{n}x_{ij}\geqslant 1 \\[2mm] \sum_{i=1}^{n-1}\sum_{j=i+1}^{n}A_{ij}\cdot x_{ij}\leqslant A_n \\[2mm] x_{ij}=\begin{cases}1,\text{边连通}\\0,\text{边不连通}\end{cases} \\[2mm] (i=1,2,\cdots,n-1) \end{cases}$$

式中各量含义与本部分模型中各量含义相同。

两种模型采用同样的参数值,见表 5-4。

表 5-4　模型参数取值

参　　数	参数值	参　　数	参数值
节点总数 n/个	44	节公路网建设资金/亿元	1 600
路网总里程/km	12 480	公路造价/万元	2 000

5.2.8　优化结果

利用 MATLAB 软件及其提供的遗传算法工具箱编写程序,可以得到 2020 年东北地区高速公路网的优化方案。采用同一种算法(遗传算法)分别求解上述两种优化模型,运行遗传算法工具箱,可得到布局优化的路线布局分别如图 5-4 和图 5-5 所示。其中,采用本部分建立的布局优化模型得到的优化结果为:新建高速公路 7 630km,建设费用为 1 526 亿元,优化目标值为(−7.830 06E＋11);采用现有布局优化模型得到的优化结果为:新建高速公路 7 712km,建设费用为 1 542.4 亿元,优化目标值为(−3.321 288E−04)。

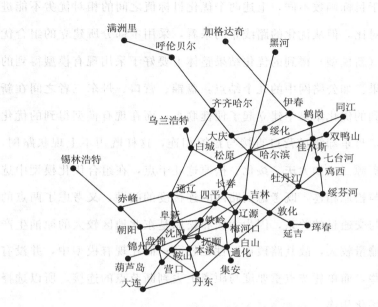

图 5-4 采用现有模型得到的优化方案

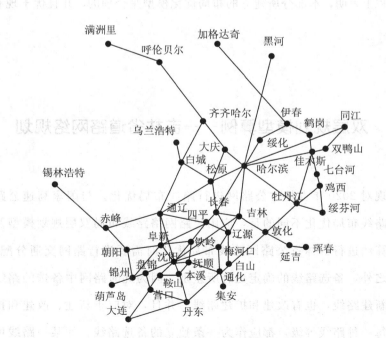

图 5-5 采用新模型得到的优化方案

由于目标函数不同，上述两个优化目标值之间的相对优劣不能进行横向对比，但从优化的路线布局来看，采用本部分所建立的组合优化模型（新模型）得到的优化结果整体上要好于采用现有模型得到的优化结果。如公路网中的几个结点：盘锦、营口、丹东三者之间在新模型得到的优化结果中建立起了便捷联系；而在现有模型得到的优化结果中，丹东却绕过营口直接与盘锦相连，这样既用不上现状路网，又浪费资源。又如大庆、绥化、松原这几个点，在组合优化模型中选择大庆与松原相连，既考虑到路网的连接度的问题，又考虑了两点的重要度与交通量的关系，因为大庆和松原是东北地区较大的原油生产地，运输量较大，故其路段重要性也较高；而在现有模型中，并没有考虑这些，而单凭节点重要度与距离上去判断节点的连接，所以选择大庆与绥化相连。

以上表明，本部分所建立的布局优化模型是合理的，并且优于现有模型。

5.3   双层规划模型算例——吉林省道路网络规划

现对 2020 年吉林省公路网进行路线布局优化。与国家高速公路网的路线布局优化不同的是，应用公路网络路线布局双层规划模型及遗传算法进行吉林省公路网路线布局优化时需要进行路网交通分配，除此之外，备选路线的确定也有所差别。因为此时路网中备选的路线既有新建路线，也有改建和扩建路线。并且，对应于新建、改建和扩建的每一种路线等级，都应作为一条独立的备选路线。如某一路线可能改造成一级公路、二级公路或者高速公路，则这三种情况应视为三条备选路线。同样，若路线可能建成高速公路、一级公路或二级公路，则也应视为三条不同的备选路线。本部分考虑到路段个数较多，因此主要以高速、一级路以及相对重要的二级路为规划目标。

5.3.1 路网现状

吉林省现状公路网骨架连接图 如图 5-6 所示。

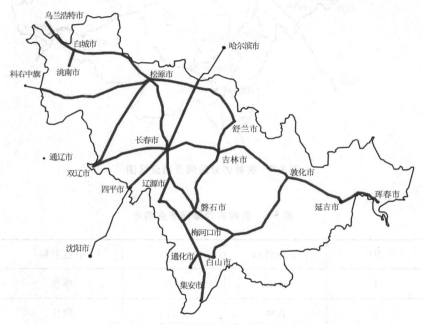

图 5-6 吉林省现状公路网骨架连接图

5.3.2 路网结点选择

结点确定为吉林省内的 17 个市（包括地级市），结点总数为 17 个，各结点编号见表 5-5。为了进行交通分配，以各市政府所在地为形心，所管辖范围为小区范围，将路网划分为 9 个交通小区（如图5-7所示），各小区编号见表 5-6。各结点之间的 OD 交换量通过预测各结点交通生成量后进行交通分布得到，见表 5-7。

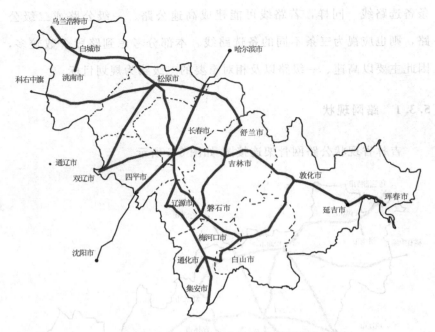

图 5-7　吉林省公路网交通分区图

表 5-5　吉林省公路网节点编号

ID	节点名称	ID	节点名称
1	长春	10	珲春
2	吉林	11	敦化
3	四平	12	集安市
4	通化	13	梅河口
5	白山	14	磐石
6	辽源	15	舒兰
7	白城	16	双辽
8	松原	17	洮南
9	延吉		

表 5-6 路网各小区编号

ID	节点名称	ID	节点名称
1	长春	6	辽源
2	吉林	7	白城
3	四平	8	松原
4	通化	9	延吉
5	白山		

表 5-7 吉林省公路网分区 OD 表

O/D	1	2	3	4	5	6	7	8	9
1	0	17 318	13 630	6 193	8 506	6 791	8 756	7 002	6 683
2	17 318	0	10 528	5 709	6 800	7 671	6 199	4 375	3 213
3	13 630	10 528	0	3 662	3 213	1 123	4 179	4 080	2 860
4	6 193	5 709	3 662	0	1 344	2 009	8 584	2 790	2 447
5	8 506	6 800	3 213	1 344	0	3 698	4 375	2 009	1 539
6	6 791	7 671	1 123	2 009	3 698	0	6 087	1 556	1 281
7	8 756	6 199	4 179	8 584	4 375	6 087	0	1 769	2 362
8	7 002	4 375	4 080	2 790	2 009	1 556	1 769	0	920
9	6 683	3 213	2 860	2 447	1 539	1 281	2 362	920	0

5.3.3 模型参数取值

路网结点总数为 17 个。根据吉林省公路远景规划。2020 年，公路建设总投资约 700 亿元，公路总里程将达到 6.3 万 km，其中一级以上公路将达到 1.26 万 km。单位里程的新路造价、改建和扩建路线造价见表 5-8。将上述参数分别代入公路网络路线布局双层规划模型，即可得到吉林省公路网路线布局优化模型。

表 5-8　新、改（扩）建道路的造价

新、改（扩）建前等级	改（扩）、新建后等级	造价/（万元/km）
—	高速公路	2 000
—	一级公路	1 000
—	二级公路	500
—	三级公路	300
—	四级公路	100
二级公路	高速公路	1 300
二级公路	一级公路	520
三级公路	一级公路	630
三级公路	二级公路	260
四级公路	二级公路	280
四级公路	三级公路	220
高速公路	（增加两条车道）高速公路	800
一级公路	（增加两条车道）一级路	350
二级公路	（增加两条车道）二级路	250
二级公路	（增加两条车道）二级路	130

5.3.4　模型求解

应用遗传算法求解吉林省公路网布局优化模型，得到公路网布局优化结果为：新建道路 3 359km，改建道路 588km，扩建 476km，共投入资金 659.952 亿元。详见表 5-9 和图 5-8。

表 5-9　吉林省公路网布局优化输出表

路段序号	起点编号	起点名称	终点编号	终点名称	原等级	优化后等级	优化结果	里程/km
1	1	长春	9	延吉	—	高速	修建高速公路	365
2	2	吉林	8	松原	—	高速	修建高速公路	270
3	2	吉林	6	辽源	—	高速	修建高速公路	138
4	2	吉林	13	梅河口	—	高速	修建高速公路	255
5	13	梅河口	9	延吉	—	高速	修建高速公路	275
6	13	梅河口	14	磐石	—	高速	修建高速公路	72
7	14	磐石	6	辽源	—	高速	修建高速公路	55
8	13	梅河口	4	通化	—	高速	修建高速公路	68
9	4	通化	12	集安	—	高速	修建高速公路	75
10	6	辽源	4	通化	—	高速	修建高速公路	97
11	6	辽源	3	四平	—	高速	修建高速公路	53
12	3	四平	16	双辽	—	高速	修建高速公路	71
13	5	白山	9	延吉	—	高速	修建高速公路	288
14	5	白山	14	磐石	—	高速	修建高速公路	80

续 表

路段序号	起点编号	起点名称	终点编号	终点名称	原等级	优化后等级	优化结果	里程/km
15	5	白山	12	集安	—	高速	修建高速公路	73
16	11	敦化	—	哈尔滨	—	高速	（省内段）修建高速公路	60
17	5	白山	13	梅河口	—	一级	修建一级路	65
18	3	四平	4	通化	—	一级	修建一级路	150
19	11	敦化	15	舒兰	—	一级	修建一级路	138
20	17	洮南	8	松原	—	一级	修建一级路	141
21	17	洮南	16	双辽	—	一级	修建一级路	280
22	9	延吉	14	磐石	—	一级	修建一级路	290
23	1	长春	3	四平	高速	高速	增加2车道	156
24	1	长春	—	哈尔滨	高速	高速	（省内段）增加2车道	143
25	1	长春	2	吉林	高速	高速	增加2车道	115
26	2	吉林	15	舒兰	高速	高速	增加2车道	82
27	7	白城	17	洮南	二级	高速	改建为高速公路	47
28	14	磐石	9	延吉	二级	高速	改建为高速公路	285
29	14	磐石	2	吉林	二级	一级	改建为一级路	136
30	1	长春	15	舒兰	二级	一级	改建为一级路	120

110

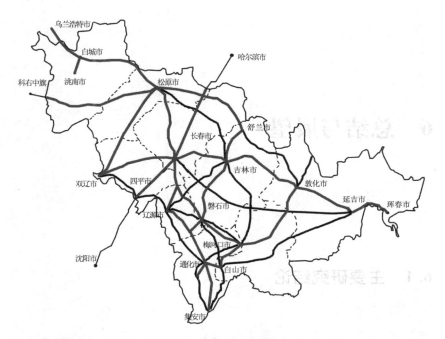

图 5-8 吉林省公路网布局优化结果

6 总结与展望

6.1 主要研究结论

本部分以最优化理论和现代组合优化理论为基础，在分析借鉴现有研究成果的基础上，对公路网布局优化进行了系统深入的分析和研究。本部分的主要研究内容以及完成的工作如下。

第一，总结分析了现有公路网等级结构优化目标存在的问题，然后采用新的优化目标对原有的目标规划模型进行改进，提出以路网通行能力最大和路网运行速度最大为新的优化目标，并通过东北三省干线公路网等级结构优化实例，对改进模型的合理性进行了分析。

第二，改进了结点重要度模型。改进模型综合考虑结点的社会经济和交通运输水平，将运输量作为确定结点重要度的指标之一。克服了在确定结点重要度时只依据结点的社会经济情况而没有考虑结点交通运输水平的局限性。

第三，对路段重要度模型进行了改进，改进模型综合考虑了结点的社会经济情况及路网交通需求在各结点之间的空间分布情况，将结点之间的 OD 交换量作为确定路段重要度的一个变量。应用组合优化理论和双层规划模型分别建立了公路网络路线布局组合优化模型和双层规划模型，通过实例分析了所建立模型的合理性。

第四，将遗传算法应用于公路网络路线布局优化问题，采用Matlab 的遗传算法工具箱求解大规模的公路网络路线布局组合优化模型，该算法同样适用于公路网络路线布局双层规划模型中上层优化模型的求解，通过实例分析验证了算法的优越性。结果表明，所开发的算法运行时间短，且使用方便，克服了常规算法难以应用于大规模网络优化问题的局限性，有效地解决了求解大规模网络优化问题的算法难题。

第五，在借鉴现有的公路网部分技术评价指标的基础上建立了公路网布局技术评价指标体系。从而验证公路网路线布局优化模型的合理性和可实施性，使得规划公路网与社会经济发展相适应、相协调。

6.2　研究展望

第一，由于受到数据资料等方面的限制，本部分中所建立的公路网等级结构优化模型、公路网路线布局组合优化模型没有进行更为深入的模型验证分析，这方面有待进一步展开研究。

第二，公路网络是一个复杂的大系统，布局优化时需要考虑的因素很多，许多因素如政策、行政干预等没有在本部分的研究中得到体现。综合考虑这些难以量化的因素而进行的路网布局优化有待研究。因此，如何在布局优化模型中考虑这些因素的影响，是有待研究的课题。

第三，综合运输对公路网布局优化的影响机制也是一个有待深入

研究的课题。随着综合运输系统的不断发展，各种运输方式之间的相互影响和促进作用越来越显著。将对公路网系统的研究置于综合运输系统的大环境下，更好地体现公路网与综合运输系统的相互作用和影响是公路网布局优化研究的挑战。例如，可以通过考虑不同的网络布局方案可能发生的其他运输方式的线路与公路网中某些线路之间交通量的转移等，来研究其他运输方式对公路网布局优化的影响。

第二部分

带同时取货和送货的车辆路径优化研究

7 绪　　论

7.1　研究背景与意义

在经济全球化和信息化的推动下，现代物流业已被公认是企业降低物资消耗、提高劳动生产率以外的"第三利润源泉"，是企业降低经营成本，提高产品竞争力的重要途径。物流对经济活动的影响日益明显，越来越引起了人们的重视，成为当重要的竞争领域，未来的市场竞争，物流将起着举足轻重的作用。

物流运输是物流中的重要环节。传统物流是伴随着商品经济的产生而产生的，只包括物流运输和物流仓储，而其中主要部分为运输，导致当初很多人将物流与运输等同起来。现代物流在传统物流的基础上有了很大的发展，但是物流运输在物流中的地位仍然很重要。物流运输是生产的重要组成，同时也是生产过程的继续，连接着生产与消费，体现了运输在物流过程中的重要地位，因此运输的合理化对物流产业快速发展有着极其重要的影响。

车辆路径问题（Vehicle Routing Problem，VRP）作为物流运输业的关键环节，该问题以及其延伸问题一直受到学术界广泛的关注。

传统的 VRP 只考虑了车辆运行中的单纯的送货或者单纯的取货过程，而并不能将取送过程结合起来考虑。带回程取货的车辆路径问题（Vehicle Routing Problem with Backhauls，VRPB）虽然考虑到了取货客户的需求，但是要求车辆必须先服务所有的送货客户后再服务取货客户，因此当车辆服务同时具有取货与送货需求的客户时会产生车辆运行路线的迂回，增加运输成本。同时带取货和送货的车辆路径问题（Vehicle Routing Problem with Simultaneous Delivery and Pickup，VRPSDP）是传统 VRP 的变形，是 VRPB 的延伸。相对于 VRPB，VRPSDP 没有取送货先后顺序的要求，而是将运输过程中的送货与取货过程作为一个整体进行考虑，减少了车辆运输距离，提高企业经营效益。因此，VRPSDP 在配送中心货物配送与回收、门对门快递服务以及逆向物流领域有着广阔的应用前景和研究价值。

7.2　国内外研究现状

7.2.1　国外研究现状

VRPSDP 的研究起步较晚，最早由 Min[1] 于 1989 年首次提出，解决了在车辆数确定和车辆负载能力有限的情况下，1 个中心图书馆与 22 个地方图书馆之间图书发送与回库的问题，使用了先聚类后排序的方法，将每个聚类中的 TSP 问题作为子问题进行优化。此后的十多年中，这一领域的研究相对较少，直到近年来，一些学者开始关注并继续研究这一问题。

Halse[2] 使用先聚类后排序以及 3-Opt 算法求解了一个仓库下多

辆车的 VRPSDP 问题。

Gendreau 等[3] 研究了只有一辆车的 VRPSDP 问题，首先解决 TSP 问题，然后在 TSP 路径上安排送货和取货的次序。

Dethlof[4] 首次从逆向物流的角度来研究这个问题，建立了 VRPSDP 的数学模型，提出了一种基于插入的启发式算法和基于车辆服务自由度的插入准则，通过保持较高的车辆当前剩余空间，增大车辆访问剩余客户的自由度。

Tang 和 Galvao[5] 提出了两种局部搜索启发式算法，第一种是对路径分割算法的改进，第二种是对 sweep 算法的应用改进，并建立了 VRPSDP 的一种可替代的数学模型，利用解决 VRPB 问题的方法来解决了只有一辆车的 VRPSDP 问题。另外，Tang 和 Galvao[6] 首次提出了具有车辆最大行程约束的 VRPSDP 问题的数学模型，并使用禁忌搜索算法以及混合的局部优化算法进行求解。

Angelelli and Mansini[7] 利用分支定界法和分支价格法的精确算法解决了带时间窗约束的 VRPSDP。

Casco 等学者[8] 也利用 Clarke 和 Wright[9] 所提的节省法来获得送货点顾客的起始路径，然后修改 Golden[10] 等人的插入法，其基本思想是在剩余送货量很少时，取货点可以插入到送货点之前。

Salhi 和 Nagy[11] 提出一个新的插入法，他先考虑将两个以上的相邻节点组成小群组，然后将整个群组插入到路径中去。并通过试验证明，群组插入法比个别节点插入法效果更好。

7.2.2 国内研究现状

国内关于 VRPSDP 的研究较少，研究方向多在于算法的设计与改进。

隆颖[12] 研究了同时服务路径上的取货送货节点，并利用改进的遗传算法对其求解，并通过实例证明其有效性。

谢如鹤等[13]对模型进行了概要的描述，通过详细的举例分析，提出了一种运用启发式算法解决 VRPSDP 的插入准则，实现了车辆剩余装载能力和旅行距离的紧密有效结合，是对基于旅行距离插入准则的一种改进。

彭春林、梁春华等[14]采用重组交叉算子改进了算法性能，通过在遗传进化控制参数中应用自适应策略提高了算法的稳定性。

张涛等[15]建立了该问题的整数规划模型，采用基于排序的蚂蚁系统和最大最小蚂蚁系统算法的信息素更新策略，设计了考虑车辆负载使用率的启发式因子，以提高算法的效率。

陆琳等[16]的应用蚁群算法提出了感应因子、期望程度因子、距离性比因子以及加速因子的概念，在信息素更新方面融入了当前路径的距离特征，构建了一种全新的自感应蚁群算法，并通过仿真试验证明了自感应蚁群算法的有效性。

总结国内外相关研究现状，可以得出以下几个结论：

第一，国内外对于 VRPSDP 的研究尚属于起步阶段。其中，基本问题的模型比较成熟，但不同研究人员侧重点不同，相应的模型约束条件不同，导致相应的算法复杂性亦不同。对于基本模型，在本部分的研究过程中值得学习和借鉴。

第二，VRPSDP 的复杂性决定了其求解算法研究的重要性，当前国内外学者的研究多集中于算法的研究，即如何设计算法使得该问题求解更为简捷、优化。

第三，遗传算法作为一种相对成熟与高效的人工智能算法，对于解决 VRPSDP 等大规模问题具有自身的特点和优势，如何进一步对遗传算法进行改进成为研究的一个主要方向。

7.3　本部分的研究内容和方法

　　本部分以同时带取货和送货的车辆路径问题模型为基础，设计了用于模型求解的遗传算法，并通过算例证明模型和算法的正确性及有效性。本部分具体的研究流程如图 7-1 所示。

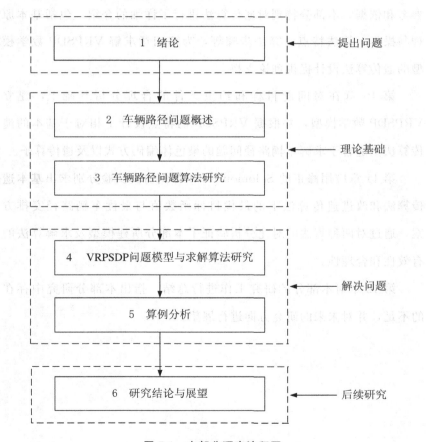

图 7-1　本部分研究流程图

各章的具体内容如下：

第 7 章主要介绍本部分的研究背景，国内外关于 VRPSDP 的研究现状以及本部分的主要内容。

第 8 章为车辆路径问题综述研究，介绍车辆路径问题的定义描述、车辆路径问题的组成要素以及车辆路径问题的分类等，为本部分所研究的 VRPSDP 模型的建立打下理论基础。

第 9 章在车辆路径问题研究的基础上，对求解车辆路径问题的常见求解算法进行研究与对比分析，为本部分模型求解算法的选择提供参考和依据。本部分特别对遗传算法进行了详细的介绍，包括基本原理与操作、算法特点、算法步骤等，为第四章求解 VRPSDP 数学模型的遗传算法设计提供理论支持。

第 10 章在对问题目标和约束条件的合理分析基础上，建立 VRPSDP 数学模型，并根据 VRPSDP 的特点设计了相对于基本的遗传算法更适合于求解车辆路径问题的染色体编码方式以及遗传算子。

第 11 章应用修正的 Solomon R101 算例仿真实验分别求出基本遗传算法和改进遗传算法下的最优目标函数值与最优车辆路径安排方案，通过对两种算法的对比分析验证了本部分所建模型及求解算法的有效性和合理性。

第 12 章对本部分的研究工作进行总结，指出本部分研究中存在的不足，并对未来的研究方向进行展望。

7.4 本章小结

本章首先阐述了本部分的研究背景意义及 VRPSDP 的研究现状，并针对国内外的研究成果与所存在的问题引出本部分的研究对象，最后介绍了本部分的主要内容与本部分框架。

8 车辆路径问题概述

8.1 车辆路径问题的描述

物流配送活动中的配送运输路线确定问题，是近二十多年来车辆路径问题的重点研究对象和应用领域。在配送运输中，由于配送用户多，城市交通路线比较复杂，因此，如何组成最佳路线，如何使配装和配送路线有效搭配等问题，一直是配送运输的特点和难点。采用科学的、合理的方法来确定配送线路，成为提高物流配送车辆效益、实现物流配送科学化的重要途径。

VRP 的一般描述[17]是：对一系列给定的客户（送货点或取货点），在满足一定的约束条件下（如车辆容量限制、行驶里程限制、时间限制、顾客需求量、交发货时间等）确定合适的配送车辆行驶路线，使其从配送中心出发，依次服务每个节点，最终返回配送中心，达到路程最短、费用最少等目标[18]。VRP 问题的示意图如图 8-1 所示。

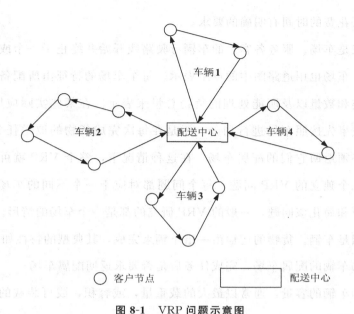

图 8-1   VRP 问题示意图

8.2   车辆路径问题的组成

完整的车辆路径问题主要由以下几个方面组成[18]。

一是道路网。用来运输货物的道路网通常用一个图来表示，其中，图中的弧表示路段，而点则对应于道路交叉点、配送中心和客户。根据其道路是单行线还是双行线，相应的弧可分为有向弧和无向弧。每条弧对应着一个费用，通常表示其距离，或运行时间与运行成本。

二是客户。客户用图上的点表示，每个客户对应一个需要运送或收取的货物量。对于带时间窗的车辆路径问题，不同的客户所要求提供服务的时间段不同。在某些车辆路径问题中，对客户点交付或提取货物所花费的时间有明确的要求。

三是车场。服务各客户的车辆行驶路线开始并终止于一个或多个车场，车场也用道路图中的点来表示。每个车场的特征由所配备的车辆种类和数量以及所能处理的货物总量来表示。在某些实际应用中，客户被事先按照车场进行划分，于是在每次完成货物的取送任务后，车辆必须返回它们的配属车场。在这种情况下，整个 VRP 就可以分解为几个独立的 VRP 问题，每个问题都对应于一个不同的车场。为了方便和简化该问题，一般的 VRP 研究的都是一个车场的情形。

四是车辆。货物的运输由一组车辆来完成，其典型的特性如下。

①车辆的配属车场，完成任务后是否要求返回配属车场；

②车辆的容量，通常以最大的载重量，或容积，或可装载的托盘数来表示；

③可用于进行货物装卸的设备；

④车辆使用费（单位距离、单位时间、每辆车或每条线路等）。

五是路径编排中的限制条件。给配送车辆编排行驶路线时，应满足一些实际运营中的限制条件，它们取决于所运送的货物性质、服务质量水平以及客户和车辆的特点等。具体来讲主要包括以下几个方面。

①每条线路上，相应车辆的当前装载量不能超过车辆的最大载重量；

②客户只要求送货、取货或同时取送与送货；

③只能在客户所要求的时间窗以及相应车辆驾驶员的工作时间内给客户提供服务；

④访问客户的顺序要求可以作为先后次序限制。例如在 VRPB 中，车辆既进行取货作业，又进行送货作业，有一些研究模型考虑到装卸作业对车上所装载的货物进行调整的困难，要求所有的送货作业

必须在进行取货作业之前完成。

六是行驶费用和行驶时间。为了评价一组配送线路的总费用和检查其相应的运营限制，必须知道客户与客户之间，车场与客户之间的行驶费用和行驶时间。为此，原始道路图一般被转变为一个完备图，其中的点还是原道路图中的点，对应于客户和车场。对于完备图中的每一点对 i 和 j，定义一条弧 $(i，j)$，其费用 C_{ij} 等于原道路图中从点 i 到点 j 的最短路径的费用，而其行驶时间 t_{ij} 则为原道路图中从点 i 到点 j 的最短路径上各条弧的行驶时间之和。

七是目标。车辆路径问题通常需要考虑以下几个目标。

①最小化总运输成本，其大小取决于服务所有客户所需要的车辆数、总行驶距离和与所使用的车辆有关的固定费用；

②均衡各线路上的行驶时间和车辆载重量；

③最小化与客户的不完全服务等有关的惩罚值。

8.3   车辆路径问题的分类

车辆路径问题被提出后，Linus，Bodin 和 Golden、Bodin、Ehers、Lenstra 和 Savelsbergh 等许多学者对 VRP 从不同角度按不同目标进行了多种分类[18]。

按任务特征分类：包括纯装问题或纯卸问题及装卸混合问题，本部分研究的就是混合装卸问题。

按车辆载货状况分类：包括满载问题和非满载问题。满载问题指货运量不小于车辆容量，完成一项任务需要多辆车完成；非满载问题指货运量小于车辆容量，多项任务仅用一辆车完成。本部分属于非满载问题。

按车场（或货场、配送中心等）数目分类：包括单车场问题和多车场问题。本部分属于单车场问题。

按车辆类型数分类：包括单车型问题和多车型问题。单车型问题指所有车辆容量相同；多车型问题指执行任务车辆的容量不全相同。本部分属于单车型问题。

按车辆对车场的所属关系分类：包括车辆开放问题和车辆封闭问题。车辆开放问题指车辆在完成配送任务后可以不返回其发出车场；车辆封闭问题则要求车辆在完成配送任务后必须返回其发出车场。本部分属于车辆封闭问题。

按优化目标数来分类：包括单目标问题和多目标问题。本部分属于单目标问题。

按有无时间约束来分类：包括"带时间窗"和"无时间窗"问题，其中"带时间窗"问题又可分为硬时间窗问题和软时间窗问题。本部分属于无时间窗问题。

按运送货物进行分类：包括单一货物和多种货物，多种货物又包括可相容货物（指多种货物可以用一辆车进行配送）和不相容货物。

根据上述约束条件的不同组合，VRP 问题在学术研究上产生了许多不同的延伸和形态。包括带能力约束的车辆路径问题（Capacitated Vehicle Routing Problem，CVRP）、带时间窗的车辆路径问题（Vehicle Routing Problem with Time Windows，VRPTW）、追求最佳服务时间的车辆路径问题（Vehicle Routing Problem with Defined Time，VRPDT）、多车种车辆路径问题（Fleet Size and mix Vehicle Routing Problems，FSVRP）、车辆多次使用的车辆路径问题（Vehicle Routing Problem with Multiple Use of Vehicle，VRPM）、随机需求车辆路径问题（Vehicle Routing Problem with Stochastic Demand，

VRPSD)、动态车辆路径问题（Dynamic Vehicle Problem，DVRP）、带回程取货的车辆路径问题（Vehicle Routing Problem with Backhauls，VRPB）以及同时带取货送货的车辆路径问题（Vehicle Routing Problem with Simultaneous Delivery and Pickup，VRPSDP）等[18]。

国内外关于车辆路径问题的研究目前主要集中于带能力约束的车辆路径问题（Ccpacitated Vehicle Routing Problem，CVRP）、带时间窗的车辆路径问题（Vehicle Routing Problem with Time Windows，VRPTW）、带回程取货的车辆路径问题（Vehicle Routing Problem with Backhauls，VRPB）以及同时带取货送货的车辆路径问题（Vehicle Routing Problem with Simultaneous Delivery and Pickup，VRPSDP）这几类，并取得了一些研究成果。下面将对上述几类问题进行具体的介绍。

8.3.1 带能力约束的车辆路径问题

带能力约束的车辆路径问题（Capacitated Vehicle Routing Problem，CVRP）是 VRP 中的最基本形式。在 CVRP 中，所有客户都只有送货需求，其需求量确定并且不能被分割。车辆类型相同且都停放在一个中心车场，对车辆只有装载能力限制。问题的目标是最小化服务所有客户的总费用。

CVRP 可以描述为如下的图论问题。设 $G=(V, A)$ 为一个完备图，其中 $V=\{0, 1, \cdots, n\}$ 为顶点集，A 是弧集。顶点 $i=1, 2, \cdots, n$ 表示客户，而顶点 0 表示车场，有时车场用顶点 $n+1$ 来表示。

每条弧对应着一个非负的费用 c_{ij}，表示从点 i 到点 j 的行驶费用。如果 G 是一个有向图，则费用矩阵（c_{ij}）是非对称的，相应的问题就称为非对称的 CVRP（Asymmetric CVRP，ACVRP）。否则，对所有的

$(i, j) \in A$，有 $c_{ij} = c_{ji}$，相应的问题就称为对称的 CVRP（Symmetric CVRP，SCVRP）。在一些实际情形中，费用矩阵满足三角不等式。

$$c_{ik} + c_{kj} \geqslant c_{ij} \quad \forall i, j, k \in V$$

从该不等式可以看出，从点 i 直接到点 j 的距离小于经任何经第三点到达的距离。在某些场合，顶点与给定坐标的平面上的点相对应，且弧 $(i, j) \in A$ 的费用 c_{ij} 被定义为对应于顶点 i 和 j 的两点间的欧氏距离。这种情况下，费用矩阵是对称的并满足三角不等式，而相应的问题被称之为欧氏 SCVRP（Euclidean SCVRP）。

每个客户 i（$i = 1, 2, \cdots, n$）有一个已知的非负送货需求量 d_i，对于车场，有一个虚拟的需求量 $d_0 = 0$。给定一个顶点集 $S \subseteq V$，令 $d(S) = \sum_{i=0}^{n} d_i$ 表示该顶点集的总需求量。

在车场备有 K 辆相同类型的车辆，每辆的装载能力为 C。为确保问题可行，对每个 $i = 1, 2, \cdots, n$，我们假设 $d_i \leqslant C$，每辆车最多只能执行一条线路上的送货任务，假设 K 不小于 K_{min}，其中 K_{min} 是服务所有客户至少所需的车辆数。K_{min} 的值可以通过求解与 CVRP 相联系的装箱问题（Bin Packing Problem，BPP）来确定。装箱问题是要求确定如何将 n 件物品装箱，才能使所需要的箱数为最少，每个箱子的装载能力为 C，每件物品的重量为 d_i，$i = 1, 2, \cdots, n$。给定集合 $S \in V \setminus \{0\}$，用 $r(S)$ 表示服务所有 S 中的客户所需要的最少车辆数，即对应于物品集为 S 的 BPP 的最优解。通常，$r(S)$ 由平凡的 BPP 下界来代替，即

$$r(S) = \lceil d(S)/C \rceil$$

CVRP 是求一个具有最小总费用的由 K 条简单回路组成的集合，其中每个回路对应于一条车辆行驶线路，总费用定义为回路上各条弧的费用之和，并满足以下三个条件：

（1）每个回路从车场出发并返回车场；

（2）每个客户点只在一条回路上；

（3）一条回路上各客户点的需求量之和不超过车辆装载能力 C。

CVRP 是 NP 难问题，并且是著名的旅行商问题（Traveling Salesman Problem，TSP）的一般化。在 TSP 中，要求确定一条经过图 G 中所有顶点的、费用最小的回路，即汉密尔顿回路。当 CVRP 中的 $C \geqslant d$（V）和 $K=1$ 时，VRP 转化成 TSP 问题，因此对 TSP 所提出的所有松弛对 CVRP 也有效。

CVRP 的第一种变形是带路程长度约束的 VRP（Distance－Constrained VRP，DVRP），对于其中的每条线路，用其最大路程长度约束代替其车辆装载能力约束。此时，每条弧（i，j）$\in A$ 对应着一个非负的长度 t_{ij}，每条线路上各弧的总长度不能超过线路的最大长度 T，此时，问题的目标就是最小化运输线路总长度。既有车辆装载能力约束又有最大路程长度约束的情形称之为带路程长度的 CVRP（DCVRP）。

8.3.2 带时间窗的车辆路径问题

带时间窗的 VRP（Vehicle Routing Problem with Time Windows，VRPTW）是 CVRP 的扩展。在该类问题中，有车辆装载能力约束，且每个客户 i 都有一个与之相联系的时间区间 $[a_i, b_i]$，该段时间区间称为时间窗。此外，该问题还给出车辆离开车场的时刻、弧（i，j）$\in A$ 的行驶时间 t_{ij} 以及客户 i 的服务时间 s_i。客户的服务必须在相应的时间窗内开始，车辆必须在客户点停留的时间长度为 s_i。当车辆提前到达客户点时，必须等待到时 a_i 才可开始服务。

VRPTW 是求一个具有最小总费用的由 K 条简单回路组成的集合，并满足以下四个条件：每个回路从车场出发并返回车场；每个客

户点只在一条回路上；一条回路上各客户点的需求量之和不超过车辆装载能力 C；对每个客户 i，服务在时间窗 $[a_i, b_i]$ 内开始，车辆的停留时间长度为 s_i。

对于每个 $i \in V \setminus \{0\}$，当 $a_i = 0$，$b_i = +\infty$ 时，VRPTW 就转化为了 CVRP。此外，带时间窗的 TSP 也是 VRPTW 的特殊情形，即 VRPTW 中当 $C \geq d(V)$ 和 $K = 1$ 时的情形。

时间窗分为软时间窗和硬时间窗两种类型。软时间窗允许服务的开始时间偏离标准的时间窗，但要根据所带来的不方便程度支付一定的惩罚。与 VRPTW 相比，软时间窗往往会在所需要的车辆数，或各线路总距离和总行驶时间方面获得较大的节省。硬时间窗则规定客户的时间窗规则不能被违反，即如果车辆服务时间偏离了标准的时间窗则将支付的惩罚值设为无穷大。

8.3.3　带回程取货的车辆路径问题

带回程运输的 VRP（VRP with Backhauls，VRPB）也是 CVRP 的扩展。在该类问题中，客户集 $V \setminus \{0\}$ 被分为子集 L 和子集 B。子集 L 包含有 n 个具有送货需求的去程客户，子集 B 包含 m 个具有取货需求的回程客户。客户按子集编号，使得 $L = \{1, 2, \cdots, n\}$ 和 $B = \{n+1, \cdots, n+m\}$。

在 VRPB 中，去程客户和回程客户之间的访问次序存在一定限制，当线路上同时存在这两种客户时，要求所有去程送货客户必须在所有回程取货客户之前得到服务，如图 8-2 所示。

对于每个客户 i，根据其所属集合对应着一个需要送达或收取的非负的需求量 d_i；对于物流中心，设置其虚拟的需求量 $d_0 = 0$。VRPB 是求一个具有最小总费用的由 K 条简单回路组成的集合，并满足以下四个条件：

第一，每个回路从车场出发并返回车场。

第二，每个客户点只在一条回路上。

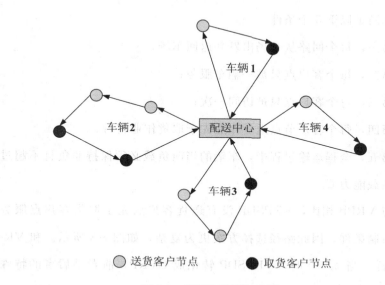

图 8-2　VRPB 问题示意图

第三，一条回路上各去程送货客户的需求量之和与回程取货客户的需求量之和均不超过车辆装载能力 C。

第四，所有去程送货客户必须先于回程取货客户得到服务。

另外，当 $B=\varnothing$ 时，VRPB 就转化成了一般的 CVRP，因此前者是后者的特殊情况化，且都是 NP 难问题。

8.3.4　同时带取货送货的车辆路径问题

在同时带取和送货的车辆路径问题（VRP with Simultaneous Delivery and Pickup，VRPSDP）中，每个客户 i 对应着两个量 d_i 和 p_i，分别表示客户 i 的送货需求和取货需求量。在每个客户点 i，规定送货作业先于取货作业进行，即先卸后装。因此，车辆在到达某一指定地点之前的当前负载，等于初始负载减去所有已卸载送货量，加上所有已装载取货量。

VRPSDP 是求一个具有最小总费用的由 K 条简单回路组成的集合，并满足以下 5 个条件：

第一，每个回路从车场出发并返回车场；

第二，每个客户点只被一辆车服务；

第三，每个客户点只被访问一次；

第四，每个客户节点送货作业先于取货作业进行；

第五，全程运输过程中，车辆的当前负载必须保持非负且不超过车辆装载能力 C。

与 VRPB 相比，VRPSDP 没有送货客户点先于取货客户点服务这一限制条件，因此路径选择方案更为复杂，如图 8-3 所示。和 VR-PB 一样，当 $p_i = 0$ 时，VRPSDP 转化成 CVRP，前者是后者的特殊情形，均属于 NP 难问题。

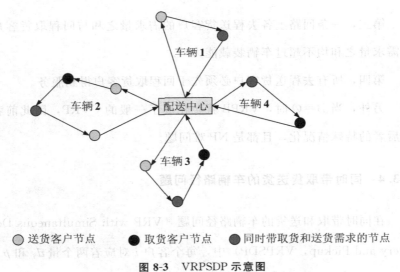

● 送货客户节点　　● 取货客户节点　　● 同时带取货和送货需求的节点

图 8-3　VRPSDP 示意图

本部分所研究的车辆路径问题属于 VRPSDP，关于 VRPSDP 的模型建立与模型求解过程将在第 9 章进行详细介绍。

8.4 本章小结

本章作为本部分的理论基础，从始至终都紧紧围绕车辆路径问题，分三个小节阐述了车辆路径问题的基础理论，包括车辆路径问题的定义描述、车辆路径问题的组成要素以及车辆路径问题的分类，并有针对性地介绍了带能力约束的车辆路径问题、带时间窗的车辆路径问题、带回程取货的车辆路径问题和同时带取货送货的车辆路径问题，这四类车辆路径问题中的基本情形，为后续章节的车辆路径问题模型研究与算法设计打下了坚实的理论基础。

9 车辆路径问题算法研究

半个世纪以来，许多的专家学者从车辆路径调度问题的基本问题出发，根据不同的约束和目标，构建了不同的模型，并有针对性地开发出了有效的算法。从大的框架上讲，用于求解 VRP 的算法可以分精确算法、启发式算法和人工智能算法。精确算法主要是针对具体的问题和模型利用数学方法进行求解；启发式算法主要是基于直观或者凭借经验，开发出能够朝着最优解的方向搜索或靠近的一类算法；人工智能优化算法是通过模仿自然世界的内在机制，获取解决复杂计算问题的新方法，具有很广阔的研究前景。精确算法以时间和空间的复杂度为代价，换取了解的质量，但往往只能应用于小规模的问题中，这是由 VRP 是 NP 难问题的属性所决定的。启发式算法和人工智能算法通常能够在时间和空间复杂度以及解的质量中获得一个平衡，因此，该类算法被越来越多的学者所采用和研究。

本章将在上一章的基础上针对目前被应用较多的启发式算法和人工智能算法进行研究，如表 9-1 所示，并对相关的研究进行总结比较。

表 9-1 算法分支表

所属类别	经典算法
	插入算法
启发式算法	节约算法
	Petal 算法
	Sweep 算法
人工智能算法	禁忌搜索算法
	遗传算法
	蚁群算法
	模拟退火算法

9.1 启发式算法

9.1.1 插入算法

插入算法是指通过第 k 步迭代，将第 k 个节点插入到路线中。算法的关键在于确定在第 $k+1$ 步可以被插入到路线中的点以及该点的最佳插入位置。因此，该算法由两个关键的部分组成：第一部分是节点选择阶段，即确定下一步被插入到路线中的顾客节点；第二部分是路径插入阶段，即确定所选择的顾客节点在路线中的最佳插入位置。根据不同的节点选择规则，可以得到不同的插入算法。比如，最短距离插入算法（Nearest Insertion）选择离路线中的任意一点距离最短

的点插入到路线中；最低耗费插入算法（Cheapest Insertion）选择插入后子路线费用最低的点插入到路线中。Bodin 等[19]总结了八种插入算法，并逐个分析了它们在最坏情况下的解的情况，这些统称为基本插入算法。

9.1.2　节约算法

节约算法是一类最为经典的构造型启发式算法之一，该算法最早由 Clark 和 Wright[20]于 1964 年提出，通常被简称为 C－W 算法。该算法的思想是：根据顾客点之间连接可以节省的距离（节约值）最大的原则，将不在线路上的顾客点依次插入到路线中，直到所有的点都被安排进路线为止。根据不同的模型可以对节约值进行不同的定义，以辅助求得相应模型的较优解。C－W 算法中对节约值的定义为：$s(i, j)=c_{i0}+c_{0j}-c_{ij}$，即依次服务 i 和 j 比分开单独服务 i 和 j 可以节省的值，其中 c_{ij} 表示从顾客 i 到顾客 j 的运输总费用。算法开始时，以所有客户节点均采用直接往返的送货方式作为初始可行安排。然后计算任意两个节点的节约量 $s(i, j)=c_{i0}+c_{0j}-c_{ij}$，并将节约量按由大到小的顺序进行排列，并在初始安排的基础上进行调整。如果两个客户节点连接后线路的货运量之和不超过车辆的载重限制，则连接该两个客户节点并寻找剩下节点中与该两个节点之间节约量最大的点，重复上述操作；如果所在线路的货运量之和超过了车辆载重的限制，则不连接该两个客户节点，转而判断节约量稍小的另外两个客户节点之间能否连接，重复这些步骤直到没有路线可进一步合并为止。

节约算法根据特定规则一次性地生成了可行解，并把它当成问题的解。但是实际应用中，更多的算法则是将整个构造的过程分为两大步，现在用得最多的有即先聚类后安排路线的算法和先安排路线后分割的算法。

9.1.3　Petal 算法

Petal 算法是 Lin 等人于 1965 年提出的。该算法首先定义并确定了可行 Petal 集，然后利用集分割模型求解等方法从得到的可行 Petal 集中得到优化的路线，找到较优解。

在地理平面上建立极坐标，以仓库作为坐标中心，确定所有需求点的极坐标。将所有节点按照极坐标角的大小进行重新排序，如图 9-1所示。此时，任何一组由连续的节点构成的集合均可称为 Petal。比如 {1，2，3}，{6}，{3，4，5，6，7} 是 Petal，而 {3，5，6} 则不算 Petal。

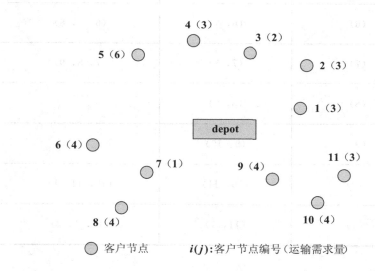

图 9-1　Petal 集生成图

Foster 等[21]中提出了枚举所有可能 Petal 的有效方法。在求解 VRP 问题时，有效的 Petal 在求解问题中显得更重要。有效 Petal 指的是集合中的所有客户节点可以由同一个车辆进行服务，即满足容量、总路线长度等相关的约束。假设上述例子中，车辆的容量为 10，那么根据 Petal 算法生成的所有 Petal 见表 9-2。

表 9-2 可行 Petal 集表

包含一个节点的 petal	包含两个节点的 petal	包含三个节点的 petal
(1)	(1, 2)	(1, 2, 3)
(2)	(2, 3)	(2, 3, 4)
(3)	(3, 4)	
(4)	(4, 5)	
(5)	(5, 6)	
(6)	(6, 7)	(6, 7, 8)
(7)	(7, 8)	(7, 8, 9)
(8)	(8, 9)	
(9)	(9, 10)	
(10)	(10, 11)	(10, 11, 1)
(11)	(11, 1)	(11, 1, 2)

在 Petal 算法中，每个 Petal 的费用取决于车辆在 Petal 内的行车路线，这个路线可以获得精确最优解。Petal 算法的关键在于从所有可行 Petal 中找到一个能够覆盖所有顾客节点的 Petal 集，诸如 {（2, 3, 4），（5, 6），（7, 8, 9），（10, 11, 1）}，其对应的路线如图 9-2 所示。

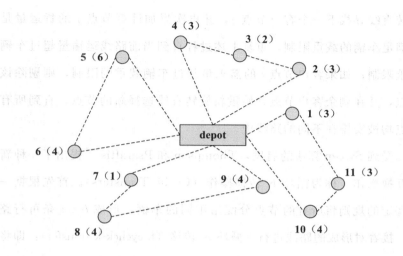

图 9-2 Petal 集路线图

为了能够找到比较好的 Petal 集，Foster 等[21] 提出了一个集分割模型，并利用线性单纯形法求解得到优化结果。Ryan[22] 等拓宽了 Petal 的定义，提出了广义的 Petal，并利用最短路算法来生成广义优化 Petal 集，获得更好的优化解。Renaud[23] 等进一步提出了 r－Petal 的概念，即一个 Petal 中的顾客节点需要有 r 辆车才能完成服务，进而在该 Petal 中会形成相应的 r 条路线。他们首先得到 1－Petal 和 2－Petal 集，在利用集分割模型求解到较优解。

9.1.4 Sweep 算法

Sweep 算法最早由 Gillett 和 Miller 于 1974 年提出。算法的思想是：首先利用 Petal 算法得到所有顾客节点的排序，自配送中心开始向任意一个方向外划一条直线，并沿着顺时针（逆时针）方向进行旋转，与某一个客户节点 i 产生相交。判断在该线路上增加该节点 i 是否满足车辆的载重限制，如果满足则将该点加入到当前路线中，继续

旋转直线寻找下一个客户节点 j，并再次累加计算节点 j 的货运量是否满足车辆的载重限制，重复上述过程直到当前路线运输量超过车辆载重限制；如果客户节点 i 的需求量超过车辆载重的限制，则剔除该节点，并在剩余客户节点开始重新旋转直线选择新的节点，直到所有节点均被安排在不同的路线中。

受到 Sweep 算法的启发，Thompson 和 Psaraftis[23] 提出了一种新的互换操作，称为循环 K 转移操作（Cyclic Transfers）。首先根据一些特定的规则将所有的节点分配给不同的车辆，形成 $b+1$ 条可行路线；接着对形成的路线进行 b 循环 K 转移（b-cyclick-k-transfer）：即将第 i 条路线选出的 b 个节点转移到第 $i+1$ 条路线中，$i=1$，2，$\cdots$，b。每完成一次 b 循环 K 转移，便检查一次形成路线的可行性以及该次循环转移所增加的费用，如果增加的费用为正值，则不进行循环转移。如此不断进行互换操作，直到最终的解的质量较好为止。

交换算法作为一个基本算法，其思想被应用于很多的其他算法中，学者根据该思想开发了许多其他的算法。Renaud 和 Boctor[20] 借鉴互换操作的思想，开发了一个基于邻域交换的启发式算法，通过算法的不断交换和更新操作，求得了相应的最优解。

9.2 人工智能算法

9.2.1 禁忌搜索算法

禁忌搜索（Tabu Search，TS）的思想是由 Glover 于 1986 年提出的，并逐步形成了一套完整的算法。禁忌搜索是对局部邻域搜索的一种扩展，是一种全局逐步寻优算法，同时也是对人类智力过程的一种模拟，是人工智能在组合优化算法中的一个成功应用。

TS 的基本思想是给定一个当前解（初始解）和候选解产生函数（邻域结构），然后在当前解的邻域中确定若干候选解。若最佳候选解对应的目标值优于目前为止搜索到的"最好解"（best-so-far），则忽视其禁忌特性，用其替代当前解和"最好解"。若不存在上述候选解，则在候选解集中选择非禁忌的最佳候选解为新的当前解，而无视它与当前解的优劣。两种情况下都将相应的对象加入禁忌表，并修改禁忌表中各对象的任期。如此重复上述迭代搜索过程，直到满足停止准则。禁忌搜索算法流程图如图 9-3 所示。

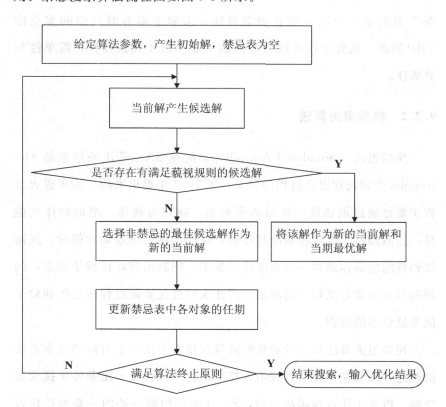

图 9-3 禁忌搜索算法路程图

截至目前，国内外已经有许多专家用禁忌搜索算法求解了各种类型的 VRP 问题。Taillard 和 Badeau 等[24]利用该算法求解了带软时间窗的 VRP 问题，他们通过互换两条路线中的一组连续顾客节点来生成原路线的邻域，同时定义了一个自适应记忆池，将算法找到的质量好的解放进池中，并每次从中挑选出一组较优解，进行重新组合，作为新一次搜索的起始点，以此使算法的性能得到了很大的改进。Gendreau 等[25]提出了基于禁忌搜索算法的 TABUROUTE 算法，解决了带容量和路线长度约束的 VRP 问题。该算法利用一个节点在两条路线中的转移来生成解的邻域，同时该算法在搜索过程中对不可行解进行了赦免，使求出的解能够朝着全局优化的方向靠近。Cordeau 等[26]提出了一个统一禁忌搜索算法，求解了带有时间窗的多仓库 VRP 问题，该算法在求解该类问题中显示出了其快速性、简单性和灵活性。

9.2.2　模拟退火算法

模拟退火（Simulated Annealing，简称 SA）算法的思想是 Metropolis 受到物理退火过程的启发，于 1953 年提出来的。物理退火过程主要是通过加热使固体脱离平衡态，融解为液体，增加物体的能量，然后经过等温过程和冷却过程，降低物体的热运动和能量，进而得到低能的晶体结构。组合优化问题中，问题的解好比粒子状态，问题的目标函数好比粒子的能量，因此求取最优解的过程即是得到粒子能量最低态的过程。

模拟退火算法是一种随机的启发式搜索方法，是对局部搜索方法的改进，即为避免搜索过程陷入局部最优，允许在一定条件下接受恶化解。以最小化目标函数为例，SA 在由初始解开始的一系列迭代过程中重复以下步骤：按照新解产生机制由当前解 x_i 的邻域产生新解

x_j，并计算相应的目标函数值，然后计算新解与当前解的目标函数值之差 $\Delta f = f(x_j) - f(x_i)$。如果 $\Delta f < 0$，则接受新解 x_j 作为当前解。反之，按照一定概率决定是否接受新解。这一概率通常由表达式 $\exp(-\Delta f/t)$ 计算，其中 t 为一种控制参数。迭代开始时，t 初始值为比较大的 t_0，从而可以接受大多数新解，随着迭代的进行，t 逐渐衰减，恶化解被接受的概率越来越小。在每个 t 值下，进行 L 次迭代，相邻 t 值间的关系一般为 $t_{i+1} = at_i$，$0 < a < 1$，当满足一定条件时，迭代过程终止。参数 t_0，a，L 和终止条件称为模拟退火过程的冷却进度表，是模拟退火算法应用的关键参数。

1983 年，Kirkpatrick 等意识到组合优化与模拟退火的这种相似性，将该算法应用于求解组合优化问题中，之后有不少学者将该算法应用于求解 VRP 问题。Tavakkoli－Moghaddam 等[27]利用一种混合的模拟退火算法求解了带容量约束的 VRP 问题，以得到能够使车辆费用最小和车辆容量利用率最大的解。在应用该算法时，他们提出了基于最近邻算法的 NNBH 算法，用于生成模拟退火算法的初始解；而在更新解时，他们利用了 1－opt 和 2－opt 交换算法。事实上，模拟退火算法自身能够克服初值依赖性，但是好的初始解能够改善解的收敛速度。Attahiru[28]也利用模拟退火算法来求解 VRP 问题，在求解过程中，他们利用了 3－opt 交换算法。

9.2.3　蚁群算法

蚁群算法是一种生物仿生算法，该算法是 20 世纪 90 年代由 M. Dorigo 等学者从自然界蚁群觅食行为中受到启发而提出的一种优化算法。研究发现，尽管单只蚂蚁的觅食能力有限，但整个蚁群却能够在觅食的过程中互通信息，最后发现从蚁巢到食物源的最短路径。每当蚂蚁发现一条通往食物源的路径时，它们便会在路径上释放一种

"信息素"，同时它们也根据信息素的浓度来决定它们的移动方向。开始时，不同路径上的信息素浓度一样；当蚂蚁沿着一条路到达终点时，它们便会原路返回。这样，短的路径上的蚂蚁往返的频率就高，信息素的浓度也自然增高，于是吸引更多的蚂蚁散发更多的信息素，如此形成正反馈，最后越来越多的蚂蚁被吸引到较短的路径上，于是找到最佳路径。

蚁群算法被提出后，不少学者利用该算法来求解各种 VRP 问题[29]。Mazzeo 等利用蚁群算法的思想，开发了 ACO（Ant Colony Algorithm）算法，求解了带容量约束的 VRP 问题，并就几类典型的 VRP 问题进行了实验仿真，证实了该算法的有效性。Dorigo 等开发了一个基于蚁群算法的系统 ACS（Ant Colony System），并利用一些局部搜索算法来改进优化解，较好的求解了 TSP 问题。Bullnheimer 等开发了一个改进型蚁群系统求解了单仓库、同生产能力车辆的 VRP 问题，并通过实验仿真，与其他 5 个人工智能算法的实验对比，显示出该算法的有效性。其他的相关研究可参见参考文献。

9.2.4　遗传算法

遗传算法（Genetic Algorithm，简称 GA）是由美国 J. Holland 教授于 20 世纪六七十年代研究形成的一个较完整的理论和方法，它是一种通用的解决最优化问题的搜索算法，是一类以达尔文自然进化论与遗传变异理论为基础的求解复杂全局优化问题的仿生型算法，该算法利用生物界自然选择和自然遗传机制，以概率论为基础，在解的空间中进行随机化搜索，最终找到问题的最优解。其主要特征是群体搜索策略和群体中个体之间的信息交换，目前已被广泛应用于组合优化、人工智能、人工生命领域，并取得了良好效果。

9.2.4.1 遗传算法的基本操作

遗传算法的基本操作通过遗传算子的作用来实现，遗传算子作用在基因串上，是模拟种群进化的主要手段。常见的遗传算子包括选择算子、交叉算子和变异算子，下面对这三种算子进行简单的介绍。

（1）选择算子。选择算子根据一定的选择策略作用在一个基因串上，其作用是为了从当前群体中选出优良的个体，使它们有机会作为父代产生后代个体，适应度越高的个体被遗传到下一代的概率较高，等待交叉和变异对其进一步演化。选择的目的是为了避免基因损失，提高全局收敛性。选择过程分可分为两个阶段，即选择阶段（从当前群体中选择优良个体）和复制阶段（把选中的个体加入下一代群体并淘汰不良个体）。常见的选择策略包括轮盘赌选择法、最优保存策略、确定式采样选择、无回放随机选择、无回放余数随机选择、排序选择和随机联赛选择等[30]，其中轮盘赌选择法应用较多。

（2）交叉算子。在遗传算法中，交叉算子用来产生新的个体，对群体中的个体进行随机配对，将两个配对的个体按某种方式相互交换其部分基因，形成两个新个体。通过交叉操作，遗传算法的搜索能力得以飞跃地提高。基本遗传算法的交叉算子一般分为点式交叉和均匀交叉。

①点式交叉。点式交叉首先随机地在两个父代串上选择一个（单点式交叉）或多个（多点式交叉）交叉点，然后交换（单点式交叉）或间断式交换（多点式交叉）父代串的对应子串。

②均匀交叉。均匀交叉是概率交换两个父串的每一位，其过程如下：首先随机产生一个与父串具有同样长度的二进制串，其中 0 表示不交换，1 表示交换。这个二进制串成为杂交模板，然后根据该模板对两个父代进行交叉，所得的两个新串即为子串。

点交叉能以较大的概率保护优良的模式，均匀交叉则具有较强的搜索能力。这两种交叉都是针对二进制编码的交叉操作，对一些数值问题，常采用十进制（实数）编码，此时就需要根据点交叉和均匀交叉设计专门的十进制交叉算子。

（3）变异算子。变异算子是指染色体编码中的某些基因用其他等位基因来替换，产生新个体的操作。变异操作可以改善遗传算法的局部搜索能力，维持种群的多样性，一定程度上防止陷入局部最优解。

常用的变异算子包括基本变异算子和逆转算子两种。

①基本变异算子。基本变异算子是指对群体中的个体编码串随机挑选一个或多个基因并对这些基因的基因值作变动。

②逆转算子。逆转算子是变异算子的一种特殊形式。它的基本操作内容是在个体编码串中随机挑选两个逆转点，然后将这两个逆转点间的基因值以逆转概率 P 逆向排序。逆转操作是为了实现一种重新排序操作。

9.2.4.2 遗传算法的步骤

遗传算法的步骤主要涉及五大基本要素：参数编码、初始种群的设定，适应度函数的设计、遗传操作的设计和控制参数的设定[30]，如图 9-4 所示。

从图 3-4 可以看出，遗传算法的运行过程为一个典型的迭代过程，其必须完成的工作内容和基本步骤如下：

步骤一：选择编码策略，把参数集合 X 和域转换为串结构空间 S；

步骤二：定义适应值函数 $f(X)$；

步骤三：确定遗传策略，包括选择群体大小 n，选择、交叉、变异方法，以及确定交叉概率 p_c、变异概率 p_m 等遗传参数；

步骤四：随机初始化生成种群 P；

步骤五：计算群体中个体位串解码后的适应值 $f（X）$；

步骤六：按照遗传策略，运用选择、交叉和变异算子作用于群体，形成下一代群体；

步骤七：判断群体性能是否满足某一指标，或者已完成预定迭代次数，不满足则返回步骤六，或者修改遗传策略再返回步骤六。

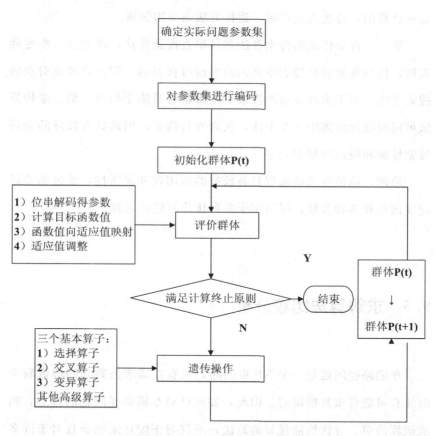

图 9-4　遗传算法基本流程图

9.2.4.3　遗传算法的特点

遗传算法作为一种强大的优化搜索方法，与其他搜索方法相比，

主要有以下几个特点[30]：

第一，遗传算法处理的对象不是参数或解的本身，而是编码后的个体。因此遗传算法可直接对各种对象进行操作，应用领域广泛。

第二，遗传算法在搜索最优解时不依赖于问题空间的知识，仅凭适应度评价群体中个体的优劣，并在此基础上进行遗传操作。因此遗传算法不需要对优化问题有连续性和可微性的限制，只要求目标函数是可计算的，这也大大扩展了遗传算法的应用领域。

第三，许多传统的搜索算法都是单点搜索算法，即通过一些变动规则，使问题的解从搜索空间内的当前解移至另一解。这种点对点的搜索方法，对于多峰分布的搜索空间常常容易陷于局部极值。遗传算法可同时处理群体中多个个体，实现并行搜索，因此具有较好的全局搜索性能和较高的搜索效率。

第四，遗传算法的流程具备较好的通用性和灵活性，通过调整适应度函数和各种参数，可应用于多种优化问题的求解。

9.3 求解算法比较分析

车辆路径问题是一个 NP 难问题，只有在需求点数和路段数较少时才有可能寻求其精确解。因此，如何针对车辆路径问题的特点，构造运算简单、寻优性能优异的算法，不仅对于配送系统而且对于许多可转化为车辆路径问题求解的组合优化问题具有十分重要的意义。综上所述，各种优化方法在一定时期和情况下都有各自的优点及优越性。下面对上述求解算法进行比较分析，见表 9-3。

表 9-3　不同优化算法特点比较分析

类别	基本方法	优点	缺点	试用性
启发式算法	节约算法	提高车辆利用率，可以解决大规模问题	不一定得到最优解，可以得到相对最优解	可以解决大规模问题
	插入算法	结合了节约法和最临近法，使原问题的等待时间缩短	速度慢，得到的解并非最优解	适用于小规模问题
	Sweep 算法	穿插插入法，将二者有机地结合起来	扫描每一个点，速度慢	适用于小规模问题
人工智能算法	禁忌搜索算法	可以通过规则提高搜索效率	可能搜索到局部最优解	适用于带软时间窗的 VRP 问题
	模拟退火算法	随机松弛技巧	搜索结果不能保证是全局最优	适用于对已有路径进行改造
	蚁群算法	鲁棒性强，易于与其他方法结合	需要不断调整变量，需要较长的搜索时间，易出现早熟停止现象	适用于多目标的优化问题
	遗传算法	具有鲁棒性且全局搜索能力强，所需时间少	不保证每次搜索结果一样，容易陷入局部最优解	适用解决复杂化问题

通过表 9-3 的对比分析，可以看出不同优化算法的优缺点与适用范围。总结来说，启发式算法对于解决大规模问题很难得到比较好的效果，虽然节约算法等部分算法可以求解某些大规模问题，但是求解过程速度较慢，效率较低；人工智能算法作为近年来较为流行的求解算法，在解决大规模问题上具有不可比拟的优势。相比其他的人工智

能算法，遗传算法的性能相对稳定，具有搜索能力强，鲁棒性强以及计算效率高等特点和优势，适用于解决 VRPSDP 等大规模优化问题。综上所述，本部分决定采用遗传算法求解 VRPSDP 数学模型。

9.4　本章小结

本章在车辆路径问题研究的基础上，对求解车辆路径问题的启发式算法以及人工智能算法进行了研究，先后介绍了插入算法、节约算法、Petal 算法、Sweep 算法以及人工智能算法的概念、原理与特点等。在对不同求解算法进行对比分析的基础上可以看出，相对只适用于求解小规模问题的精确算法来说，人工智能算法作为近年来较为流行的求解算法，在解决大规模问题上具有不可比拟的优势。遗传算法作为解决大规模优化问题的智能算法，在解决 VRP 问题具有搜索能力强、鲁棒性强以及计算效率高等特点和优势。因此，本部分决定采用遗传算法作为求解 VRPSDP 的求解算法，文章将在第 10 章详细介绍 VRPSDP 的数学模型以及其详细的求解算法设计。

10　VRPSDP 模型与求解算法研究

10.1　VRPSDP 模型的建立

10.1.1　问题描述

前面已经介绍过，VRPSDP 可以描述如下：有 n 个客户节点 $(1, 2, \cdots, n)$，第 i 个客户节点的取货需求量为 p_i，送货需求量为 d_i $(i=1, 2, \cdots, n)$。配送中心派出载重量为 Q 的 k 辆车来承运，将配送中心的货物运往各有送货需求的客户节点，同时将各同时带取货需求的节点客户的货物运回配送中心。所有的车辆要求必须从配送中心出发，最后回到配送中心。当车辆不能满足客户的送货和取货需求时，或无法满足负载约束等限制时即返回货物中心，直到服务完所有客户为止。已知 $p_i < Q$，$d_i < Q$，每个客户只能被一辆车服务且只能被服务一次，目标是在满足所有客户取送货需求以及车辆负载能力的约束条件下找出成本最小的优化路线。其中，成本包括运输距离变动成本和车辆启用数量变动成本。运输距离变动成本是指车辆在取送货过程中随着车辆行驶里程的增加而增大的各种费用；车辆启用数量变动成本是指随着运输过程中车辆使用数量的增多而增加的成本。

10.1.2 基本假设

为了将现实的 VRPSDP 抽象为数学模型，需要建立如下假设。

（1）只有一个初始点，即为配送中心，每辆车都从初始点出发，完成任务后又回到初始点；

（2）配送及回收的货物可以混装；

（3）每个客户节点的需求量（包括送货需求量和取货需求量）已知；

（4）车辆必须服务到所有的节点；

（5）每辆车辆的载重能力为已知，且相同；

（6）每个客户的具体位置已知，即各客户节点之间以及客户与配送中心之间的距离已知；

（7）每个客户只能由一辆车服务；

（8）每个客户只能被服务一次；

（9）每辆车只服务一条路线；

（10）在客户节点可以同时完成取货和送货任务；

（11）单个客户的货物质量不能超过车辆的载重能力。

10.1.3 参变量定义

通过对 VRPSDP 的描述和基本假设，现进行如下的定义参数和变量：

$R=\{i\}$：节点集合，$R=\{i\}$，$i=0$ 为配送中心，$i=1, 2, \cdots, n$ 为客户节点；

R：客户节点集合，其中 $U=R\cup\{0\}$；

V：车辆集合，$V=\{k\}$，$k=1, 2, \cdots, m$；

α：单位运输距离的运输成本；

β：单位车辆启用成本；

Q：车辆的载重能力；

C：各节点间的距离，$C=\{c_{ij}\}$，$i,j\in U$；

d_i：客户节点 i 的送货需求量，$i\in R$；

p_i：取货节点 i 的取货需求量，$i\in R$；

x_{ijk}：$\begin{cases} x_{ijk}=1, & \text{车辆 } k \text{ 直接服务于节点 } i \text{ 和节点 } j \\ x_{ijk}=0, & \text{车辆 } k \text{ 不直接服务于节点 } i \text{ 和节点 } j \end{cases}$；

y_{ijk}：车辆 k 从节点 i 直接到节点 j 时的载重量。

10.1.4　数学模型

文献研究发现，既有的 VRPSDP 模型基本都以车辆行驶总距离最小为目标，或者总距离乘以单位距离成本转化成运行总成本为目标，两者的本质是一样的，即只考虑了车辆行驶距离最小这一目标。然而在实际中，车辆启用的费用也是运输总成本的重要组成部分，参加配送的车辆数目越多，所耗费的车辆成本也越高。因此，本部分综合考虑了车辆运行成本和车辆启用成本两个方面，以总成本最小为目标，建立了改进的 VRPSDP 数学模型，如下所示。

$$\min F(i,j,k) = \alpha \sum_{i=0}^{n} \sum_{j=0}^{n} \sum_{k=1}^{m} c_{ij} x_{i\,jk} + \beta \sum_{k=1}^{m} \sum_{j=1}^{n} x_{0jk} \tag{10-1}$$

$$\sum_{k=1}^{m} \sum_{i=0}^{n} x_{ijk} = 1 \quad i,j \in R, 1 \leqslant j \leqslant n, i \neq j \tag{10-2}$$

$$y_{ijk} \leqslant Q x_{ijk} \quad i,j \in R, k \in V, i \neq j \tag{10-3}$$

$$\sum_{j=1}^{n} y_{0jk} = \sum_{i=0}^{n} \sum_{j=1}^{n} d_i x_{ijk} \quad i,j \in R, k \in V, i \neq j \tag{10-4}$$

$$\sum_{i=1}^{n} y_{i0k} = \sum_{i=0}^{n} \sum_{j=1}^{n} p_i x_{ijk} \quad i,j \in R, k \in V, i \neq j \tag{10-5}$$

$$\sum_{i=0}^{n} y_{ijk} + (p_i - d_i) \sum_{i=0}^{n} x_{ijk} = \sum_{i=0}^{n} y_{jik} \quad i,j \in R, k \in V, i \neq j$$

$$\tag{10-6}$$

$$\sum_{j=1}^{n} y_{0jk} \leqslant Qx_{ijk} \quad i,j \in R, k \in V, i \neq j \tag{10-7}$$

$$\sum_{i=1}^{n} y_{i0k} \leqslant Qx_{ijk} \quad i,j \in R, k \in V, i \neq j \tag{10-8}$$

$$y_{ijk} \geqslant 0 \quad i,j \in R, \quad k \in V, \quad i \neq j \tag{10-9}$$

$$p_i \geqslant 0, \ d_i \geqslant 0, \ Q \geqslant 0 \quad i \in R \tag{10-10}$$

在上述的数学模型中，式 10-1 表示目标函数为车辆运输总成本最小；约束条件式 10-2 表示每个客户节点都要被服务且只被访问一次；约束条件式 10-3 表示车辆在任意点的装载量不能超过车辆载重的最大限度；约束条件式 10-4 表示车辆从配送中心出发时的载重量为该车在本次配送路线中各送货节点的送货需求量总和；约束条件式 10-5 表示车辆完成各节点服务任务后回到配送中心时的载重量为该车在本次配送路线中各取货节点的取货需求量总和；约束条件式 10-6 表示车辆在任意点的载重量满足在该点取货需求量与送货需求量代数求和的恒等式关系；约束条件式 10-7 表示车辆出发时的载重量不大于车辆的载重限制；约束条件式 10-8 表示车辆回到配送中心时的载重量不大于车辆的载重限制；约束条件式 10-9 表示车辆的载重量为正；约束条件式 10-10 表示任意客户点的取货量和送货量非负，车辆的最大载重量为正。

10.2 VRPSDP 的遗传算法设计

本节将根据上节建立的 VRPSDP 模型进行相应的遗传算法设计，主要包括染色体编码设计、初始化种群设计、适应度函数设计、选择算子设计、交叉算子设计和变异算子设计等。下面将详细地介绍每一

步的具体算法设计方案。

10.2.1　染色体编码

编码是应用遗传算法时要解决的首要问题，选择适当的解的表达方式是遗传算法解决实际问题的基础。由于遗传算法应用的广泛性，迄今为止已经人们根据不同类型的问题提出了不同的编码方式，大致可以分为二进制编码、实数编码、整数或字母排列编码和针对具体问题的一般数据结构编码等几种结构。其中，二进制编码是最常用的编码方式，它的编码符号集由二进制符号 0 和 1 组成，具有编码解码操作简单，易于进行遗传操作等优点[31]。但是对于 TSP、VRP 这类基于次序的问题，采用二进制编码可能会导致频繁生成不可行解，给遗传操作和解码造成很大的复杂性。因此，为了尽量减少不可行解的生成，这类问题一般采用直观的自然数和整数编码策略以表示解的次序。

基于上述原因，本部分对染色体采用整数编码的方式，即每个个体 i 为 1 到 n 的自然数的一个全排列。其中，各自然数对应于车辆路线中客户节点的编号，各个体中自然数的顺序即为各运输车辆的实际配送顺序，运输车辆的运行起点和终点均为配送中心，即每次从配送中心出发，完成配送任务后返回配送中心。这种编码方式保证了每个客户节点均被访问且只被访问一次，大大地简化了对模型约束条件的处理。对于染色体全排列编码中如何根据车辆的不同对路线进行划分将在后面的适应度值计算小节中进行详细叙述。

10.2.2　初始化种群

群体规模影响遗传优化的最终结果，以及遗传算法的执行效率，当群体规模太小时，遗传算法的优化性能一般不会太好，而采用较大

的群体规模可以减少遗传算法陷入局部最优解的机会，但较大规模的种群则是以计算的时间复杂度和空间复杂度为代价的。对于一般染色体长度不大的解来说，种群大小取值在 20～200 比较合适，但是对于大规模算例可以根据染色体的长度适当增大种群的规模以方便取得更优的解空间[30]。

由于 VRPSDP 问题的编码方式采取实值自然数，且解的形式是基于排列次序的，因此初始化种群时随时生成 $popsize$ 个客户节点的一个全排列，形成一个 $n * popsize$ 的二维矩阵。其中 n 为客户节点数，$popsize$ 为种群数量。

10.2.3 适应度值的计算

适应度是评价个体优劣和进行遗传操作的重要依据，个体的适应度越大，被选择到下一代的概率越大[32]。由于 VRPSDP 既要求尽量满足车辆行驶路程总和最小化这一目标，更要求车辆在行驶过程中的任意路段和任何客户节点满足载重量等约束条件的限制，因此种群中的解是否可行至关重要。本部分所研究的 VRPSDP 所使用的车辆数是不确定的，可以根据实际约束情况相应合理的安排车辆，因此，根据拒绝策略的思想可以通过适应度函数值的设计保证解的可行性，并计算出每个个体对应的可行解，即可行的车辆路径以及所使用车辆数量，具体操作如下所述。

定义一个集合 S 用以存储选中车辆的集合，并以"0"元素来区分不同的车辆，这样即可通过含"0"元素的集合看出车辆路径分配情况。具体来说，集合 S 初始化时只有一个"0"元素，然后针对每个个体 i，从没有参与累加的首个基因开始，逐个累加各基因对应的客户节点的送货量 d_i 和取货量 p_i，当累加下一节点不满足约束条件式10-5 至式 10-10 时，记录下该次循环的基因于集合 S 中，表示

集合 S 中的所有客户节点由同一辆车服务，并在结尾添加 "0" 元素表示本次循环结束。如果个体中还存在未参与累加的基因，则为剩余节点分配另一辆车，进入下一次循环，否则，循环计算结束。

举例来说，假设个体 $i=1, 2, 3, 4, 5, 6, 7, 8, 9, 10, 11$，车辆载重量为 200，各个客户节点的取货和送货需求量见表 10-1。

表 10-1   各节点的取货和送货需求量

i	1	2	3	4	5	6	7	8	9	10	11	12
d_i	36	20	35	15	50	56	150	42	5	0	62	20
p_i	40	100	40	30	0	25	0	95	86	100	0	80

初始化集合 $S=\{0\}$；

从第一个客户节点开始计算，$d_1=36<200$，$p_1=40<200$ 满足约束条件，将节点 "1" 加入集合 S，记为 $S=\{0, 1\}$；

累加第二个客户节点，$d_1+d_2=56<200$，$p_1+p_2=140<200$，$d_1+d_2+(p_1-d_1)+(p_2-d_2)=140<200$，满足约束条件，将节点 "2" 加入集合 S，记为 $S=\{0, 1, 2\}$；

累加第三个客户节点时，$d_1+d_2+d_3=91<200$，$p_1+p_2+p_3=180<200$，$d_1+d_2+d_3+(p_1-d_1)+(p_2-d_2)+(p_3-d_3)=145<200$ 满足约束条件，将节点 "3" 加入到集合 S，记为 $S=\{0, 1, 2, 3\}$；

累加第四个客户节点，$d_1+d_2+d_3+d_4+(p_1-d_1)+(p_2-d_2)+(p_3-d_3)+(p_4-d_4)=160<200$，$p_1+p_2+p_3+p_4=210>200$，不满足约束条件，则终止本次循环，同时在集合的最后一位加 "0" 表示区分车辆。最终得到集合 $S=\{0, 1, 2, 3, 0\}$，表示第一

辆车从配送中心出发，依次访问"1、2、3"三个客户节点，最终返回配送中心。

同理，依次循环判断后面的各个客户节点是否满足约束条件，最终得到 $S = \{0, 1, 2, 3, 0, 4, 5, 6, 0, 7, 8, 9, 0, 10, 11, 12, 0\}$。根据集合 S 即可确定得到该各客户节点所对应的车辆数以及各车辆的运行路径。例如本次配送过程需要 4 辆车，车辆的运行路径分别为：

子路径 1（车辆 1 服务）：配送中心→客户节点 1→客户节点 2→客户节点 3→配送中心

子路径 2（车辆 2 服务）：配送中心→客户节点 4→客户节点 5→客户节点 6→配送中心

子路径 3（车辆 3 服务）：配送中心→客户节点 7→客户节点 8→客户节点 9→配送中心

子路径 4（车辆 3 服务）：配送中心→客户节点 10→客户节点 11→客户节点 12→配送中心

上述选点过程可以有效地保证全程进化中每个个体均为可行解，从而避免了运行过程中不可行解的产生，节约资源，提高计算速度。

本部分采用适应度函数 $fitness\ (i) = 1/value\ (i)$，$i = 1, 2, \cdots,$ $popsize$，其中 $value\ (i)$ 为第 i 个个体的运输总成本，$popsize$ 为种群规模。计算运输距离变动成本时需要计算车辆运输总距离，此时需要判断客户节点是否为一条路径的起始点，如果是则计算该点距离配送中心的距离与该点与后继结点的距离；如果不是路径起始点则只需计算该节点到其直接后继结点的距离即可。由于车辆在服务完一条路径上的终点后返回配送中心，因此需要在每次循环结束前将路径终点距离配送中心的距离加入循环计算得到的距离和，即得到一条完整路径的距离总和。

10.2.4　选择算子

选择算子体现了生物进化过程中"适者生存，优胜劣汰"的思想，是遗传算法搜索过程中至关重要的一步。它的目的是为了从当前种群中选出优良的个体，使它们有机会作为父代为下一代繁殖子孙，即适应度高的个体能以较大的概率被遗传到下一代。

轮盘赌算子作为遗传算法中最早提出的一种选择方法，具有简单易操作等特点，如今被广泛使用。该算子是一种回放式的随机采样方法，也称选择的蒙特卡罗法，它利用各个个体适应度所占比例的大小决定其子孙保留的可能性。这种选择方式与赌博中的赌盘操作原理颇为相似，故命名为轮盘赌选择法[33]。

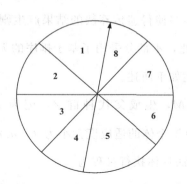

图 10-1　轮盘赌选择示意图

如图 10-1 所示，整个赌盘被分为大小不同的一些扇面，指针指向各个扇面的概率与各个扇面的圆心角大小成正比：圆心角越大，停在该扇面的可能性也越大；圆心角越小，停在该扇面的可能性也越小。与此类似，在遗传算法中，整个群体被各个个体所分割，各个个体的适应度在全部个体的适应度值和中所占的比例大小不一，这个比例值瓜分了整个赌盘盘面，它们也决定了各个个体被遗传到下一代群体的

概率。其工作过程如下：

第一，根据各个体的适应度计算出种群中所有个体的适应度总和 $\sum f(i)$；

第二，计算出每个个体的相对适应度的大小，其值即为各个个体被选中的概率，相对适应度计算公式为：

$$p_i = \frac{f(i)}{\sum f(i)}$$

第三，使用模拟赌盘操作，产生 ［0，1］ 之间的随机数，确定各个个体被选中的次数。

虽然具有简单易操作的特点，由于随机操作的原因，这种选择方法的选择误差比较大，有时会出现"退化"现象，即适应度较高的个体失去选择机会，最终使得遗传算法的结果产生剧烈的震荡，难以收敛到最优解[31]。因此，本部分采用了基于排序的无放回多轮轮盘赌选择算子，其算法描述如下所述。

设种群大小为 M，生成父代种群 Z，记为 $Z = \{a_1, a_2, \cdots, a_i, \cdots, a_M\}$，其中每个个体的适应度大小为 $f(a_i)$，子代群体初始状态为 $X = \{\}$，则算法具体执行过程为：

一是计算所有个体的适应度值，由大到小排列，排列后的种群 Z' 记为 $Z' = \{b_1, b_2, \cdots, b_i, \cdots, b_M\}$，其中，$f(b_{i-1}) > f(b_i) > f(b_{i+1})$。同时，记录下父代种群中适应度最大的个体 k，即 $f(a_k) = \max [f(a_1), f(a_2), \cdots, f(a_M)]$；

二是计算出群体 Z 中所有染色体的适应度总和 $\sum\limits_{i=1}^{M} f(b_i)$（$i=1, 2, \cdots, M$）；

三是计算出每个染色体被选取的概率，$P_{b_i} = f(b_i) / \sum\limits_{i=1}^{M} f(b_i)$；

四是计算每个染色体的累计概率 Q_K，记为 $Q_K = \sum\limits_{i=1}^{k} p_i$；

五是转动轮盘，产生 M 个 $[0, 1]$ 之间的均匀随机数 r。如果 $r \leqslant Q_1$，则选择染色体 b_1；否则，选择第 k 个染色体 b_k（$2 \leqslant k \leqslant M$），使得 $Q_{k-1} \leqslant r \leqslant Q_k$。统计各区间的 ξ 值 ξ_1，ξ_2，…，ξ_M，其中 ξ_i 是落在 i 号区域的随机数个数，$i = 1$，2，…，M；

六是取最大的 ξ 值 $\xi_j = \max\{\xi_1, \xi_2, \cdots, \xi_M\}$ 所在区间 j 对应的个体 b_j 为本轮所选中的个体 M_j，有

$$\begin{cases} M_j = b_j，其他 \\ M_j = b_{\min(i_1, i_2, \cdots, i_l)}，存在相同的 \xi 值区间 \end{cases}$$

七是将 M_j 并入 X，即 $\begin{cases} X(0) = \varnothing \\ X(t) = X(t-1) \bigcup M_j \end{cases}$，得到 $X = \{c_1, c_2, \cdots, c_M\}$；

八是找出子代群体 X 中适应度值最低的个体 $f(c_i) = \min[f(c_1), f(c_2), \cdots, f(c_M)]$，用父代个体 k 代替子代个体 j；

九是存储所有新选出的个体，返回新种群。

本部分采用的基于排序的无放回多轮轮盘赌选择算子相比传统的轮盘赌选择算子，主要有以下两方面的优势。

一是减小选择误差。传统的轮盘赌算子中，每产生一个随机数就确定了一个个体，改进的算子算子则需要产生 M 个随机数才能确定一个个体，总共产生的随机数数量也从原来的 M 增至 M^2，更能体现出随机数的作用，进一步的减小误差。

二是增大高适应度个体被选中的概率。传统的轮盘赌算子由于个体顺序随机排列，因此会使得个体实际被选中的次数与其应该被选中的期望值之间存在一定的误差，甚至不能保留适应度高的个体。改进的选择算子在轮盘转动前将所有个体按其适应度大小进行了排列操

作，从而使得适应度高的个体排在种群的前列，以便当 ξ 值相同时高适应度个体会被优先选中，从而以较大的概率抛弃了适应度低的种群个体。

三是保存最优个体。上述操作对个体适应度进行排序虽然一定程度上缩小了选择误差，但是不能保证本代种群中的最优解进入下一代遗传操作，影响全局收敛速度。改进的选择算子在每代操作结束后用父代适应度最大的解代替子代中适应度最差的解，保证了最优解顺利进入下一代遗传操作，加快种群的收敛速度。

当然，由于改进的遗传算子生成随机数数量有 M 增至 M^2，在提高精确度的同时难免会在运算速度上产生一定的损失，因此该遗传算子在解决种群规模不大的问题时效率会更高。

10.2.5　交叉算子

本部分所研究的 VRPSDP 采用了基于自然数的编码方式，因此交叉算子的设计参考了适用于整数编码问题的部分匹配交叉法[34]。相比传统的单点交叉和多点交叉等交叉算子，部分匹配交叉法能够保证即使两个相同的个体进行交叉，依然能产生新的个体，从而摆脱了传统交叉算子对群体多样性的要求，同时避免了早熟现象，降低了结果为局部最优解的可能。部分匹配交叉法不同于传统的交叉算子，不是直接交换染色体的交叉段，而是先将交叉段加入到对方染色体的首个基因前，之后再逐个去掉原个体部分中与交叉段基因相同的基因，从而得到交叉后的个体。

举例说明，假设有两个父代 A 和 B，染色体编码分别为"256｜8437｜19"和"359｜4178｜26"，其中"｜"表示交叉位置。交叉时首先将父代 A 的选中基因"8437"赋给 A₁ 的前四个基因位，然后将父代 B 的染色体从 A₁ 的第五基因位开始依次排列，最后用父代 B 中

的元素逐个与"8437"进行对比，如果存在相同基因则舍去，否则保持基因不变，可以得到子体 A_1 为"843759126"。同理，可以得到子体 B_1 为"417825639"。交叉过程如图 10-2 所示。

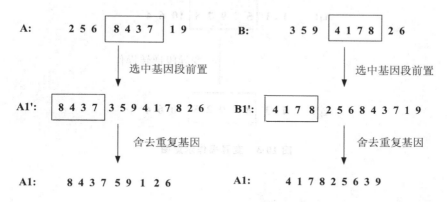

图 10-2   部分匹配交叉算子操作过程示意图

这种经过改进的新的交叉算子避免了产生解在形式上不可行的情况，在一定程度上保持了种群的多样性，避免陷入局部最优解。

10.2.6   变异算子

物种变异的可能性较小，因此变异算子在遗传算法中主要起辅助进化的作用。本部分的变异操作采用对自然数编码的个体进行逆转的方式。种群以一定的变异概率随机选中其中的一个个体并产生两个变异点，然后将变异点中间的元素进行逆转操作。

例如，随机选择种群中的一个体 temp＝"1 3 5 2 9 7 8 10 6 4"和两变异点"5"和"8"，即 temp＝"1 3 | 5 2 9 7 8 | 10 6 4"。将变异段进行逆转得新个体 temp＝"1 3 | 8 7 9 2 5 | 10 6 4"，如图 10-3 所示。

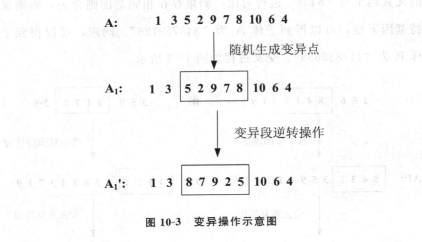

图 10-3　变异操作示意图

10.3　本章小结

本章在第 8 章和第 9 章关于车辆路径问题及相关求解算法研究的基础上，结合 VRPSDP 的特征，建立了 VRPSDP 数学模型，并对模型中的参变量进行了说明。此外，对适合求解 VRPSDP 的遗传算法进行了算法设计，包括染色体编码方式、种群的初始化、适应度函数的设计以及遗传算子的设计等，为第 11 章的算例分析提供理论支持。

11 基于改进遗传算法的 VRPSDP 算例分析

本部分将在前面章节的基础上，通过算例对本部分所研究的 VRPSDP 数学模型以及求解算法进行验证，并对验证结果进行分析。下面对验证算例进行详细的介绍。

11.1 算例来源

为了最大限度地保证算例数据的可行性和科学性，方便对测试结果进行对比分析，本部分的测试算例为基于 VRPSDP 改进 Solomon 算例[35]。

Solomon 算例是 Solomon 于 1987 年研究 VRPTW 问题所提出的，目前已经成为国际上 VRP 问题研究通用且流行的经典算例之一，已经被证明具有很好的稳定性和试用性，得到了各国 VRP 研究学者的青睐。Solomon 算例根据客户节点位置分布特点的不同分为 R_1，R_2，C_1，C_2，RC_1，RC_2 六类。其中，R_1 和 R_2 问题表示客户节点的位置是随机分布的，C_1 和 C_2 问题表示客户节点的分布呈聚集状态，RC_1 和 RC_2 呈半聚集状态。R_1，C_1 和 RC_1 类数据集具有较短时

间窗的特点，因而在每条路线上，允许服务的客户数较小；R_2，C_2 和 RC_2 则具有较长时间窗的特点，每条路线上允许服务的客户数较多。在实际问题中，客户的分布在多数情况下更接近于 R 类和 RC 类数据集所反映的随机和半聚集状态。因此，本部分选择 Solomon R101 作为基础算例。

11.2 算例的建立

在 Solomon R101 算例中，已知客户节点的个数为 100，车辆数量为 25，车辆载重最大值为 100，客户节点的坐标和送货需求量已知。需要说明的是，算例选取不同客户节点的直线距离作为节点间距离，即 $c_{ij} = \sqrt{(x_1 - x_2)^2 + (y_1 - y_2)^2}$。因此，形成的距离矩阵是对称矩阵，与路径的起始方向无关。

由于 R101 算例本身并没有客户节点的取货需求量数据，不满足 VRPSDP 的实际情况，因此本部分针对这种情况特在 R101 算例的基础上增加了客户节点取货需求量相关数据，其产生方式主要分为两个步骤。

第一，选中取送混合节点。按比例在所有客户节点中选择部分节点作为同时带取货和送货的节点，其余节点作为纯粹的送货节点，取货量记为 0。本部分的算例设定选中节点与节点总数的比例为 60%。

第二，随机生成取货需求量。对于选中的同时带取货和送货的客户节点，根据节点送货需求量的范围以及车辆的最大负载重量随机生成节点的取货需求量。

根据上述原则，特生成本部分 VRPSDP 测试算例数据如表 11-1 所示，客户节点分布如图 11-1 所示，其中三角代表配送中心。

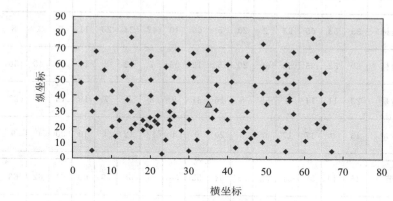

图 11-1　客户节点分布

表 11-1 客户节点坐标与取送货需求量

客户节点	0	1	2	3	4	5	6	7	8	9	10	11	12	13	14	15
横坐标	35	45	35	55	55	15	25	20	10	55	30	20	50	30	15	30
纵坐标	35	49	17	45	20	30	30	50	43	60	60	65	35	25	10	5
送货量	0	10	7	13	19	26	3	5	9	16	16	12	19	23	20	8
取货量	0	25	15	0	35	0	24	17	0	18	13	20	0	25	0	17

客户节点	16	17	18	19	20	21	22	23	24	25	26	27	28	29	30	31
横坐标	10	5	20	15	45	45	45	55	65	65	45	35	41	64	40	31
纵坐标	20	30	40	60	65	20	10	5	35	20	30	40	37	42	60	52
送货量	19	2	12	17	9	11	18	29	3	6	17	16	16	9	21	27
取货量	25	0	27	14	0	11	22	38	0	28	0	30	10	0	8	10

续　表

客户节点	32	33	34	35	36	37	38	39	40	41	42	43	44	45	46	47
横坐标	35	53	65	63	2	20	5	60	40	42	24	23	11	6	2	8
纵坐标	69	52	55	65	60	20	5	12	25	7	12	3	14	38	48	56
送货量	23	11	14	8	55	8	16	31	9	5	5	7	18	16	1	27
取货量	15	0	17	17	0	5	20	0	4	12	12	4	10	20	0	9

客户节点	48	49	50	51	52	53	54	55	56	57	58	59	60	61	62	63
横坐标	13	6	47	49	27	37	57	63	53	32	36	21	17	12	24	27
纵坐标	52	68	47	58	43	31	29	23	12	12	26	24	34	24	58	69
送货量	36	30	13	10	9	14	18	2	6	7	18	28	3	13	19	10
取货量	24	0	10	17	0	30	12	0	10	20	14	0	8	4	0	2

客户节点	64	65	66	67	68	69	70	71	72	73	74	75	76	77	78	79
横坐标	15	62	19	6	56	37	37	57	47	44	46	49	49	53	61	57
纵坐标	77	77	73	5	39	47	56	68	16	17	13	11	42	43	52	48
送货量	9	20	25	25	36	6	5	15	25	9	8	18	13	14	3	23
取货量	0	15	10	24	0	8	12	0	25	17	0	25	31	5	0	17

客户节点	80	81	82	83	84	85	86	87	88	89	90	91	92	93	94	95
横坐标	56	55	15	14	1	16	4	28	26	26	31	15	22	18	26	25
纵坐标	37	54	47	37	31	22	18	18	52	35	67	19	22	24	27	24

续　表

送货量	6	26	16	11	7	41	35	26	9	15	3	1	2	22	27	20
取货量	0	18	13	0	4	30	0	17	16	21	14	7	1	0	20	0

客户节点	96	97	98	99	100
横坐标	22	25	19	20	18
纵坐标	27	21	21	26	18
送货量	11	12	10	9	17
取货量	24	22	0	4	34

11.3　模型与算法参数设置

本部分采用的 R101 大规模算例需要解决的是 25 辆车如何安排路径和车辆，以满足服务 100 个客户节点的送货和取货任务，并在满足车辆载重的基础上使得运输费用最小的问题。因此，根据算例的实际情况特设定解决该问题的模型与遗传算法参数设置如下。

第一，模型参数设置。

根据 Solomon 算例可知车辆最大载重量取 $Q=100$；此外，分别设置单位距离运输成本与单位车辆启用成本为 $\alpha=10$ 和 $\beta=50$。

第二，遗传算法参数设置。

遗传算法的参数设置主要包括染色体长度 L，种群规模 N，迭代次数 Gen，交叉概率 p_c 和变异概率 p_m 等四个参数，具体参数取值见表 11-2。

· 171 ·

表 11-2　遗传算法参数设置

参数名称	取值
染色体长度	$L=100$
种群规模	$N=500$
最大迭代次数	$Gen=300$
交叉概率	$p_c=0.85$
变异概率	$p_m=0.01$

11.4　遗传算法关键步骤的程序实现

本部分在第 4 章 VRPSDP 遗传算法设计的基础上，利用 Matlab 7.0 编程实现了 VRPSDP 模型求解，其中关键步骤的程序设计思想和实现过程如下所述。

11.4.1　初始化种群

种群的初始化通过调用 randperm 函数产生 ANSNUM ∗ ZHAN-DIANNUM 的随机矩阵来实现，其中 ANSNUM 表示种群大小，ZHANDIANNUM 表示染色体长度。由于本部分采用客户节点全排列的编码方式，因此 ZHANDIANNUM 的值等于客户节点的个数，在本算例中即 ZHANDIANNUM＝100。初始化种群的 Matlab 关键代码如下所示：

```
MatrixAns= [];
for i=1：ANSNUM
    vecAns=randperm （ZHANDIANNUM）；
        MatrixAns (i,:) = vecAns；
end
```

11.4.2 适应度值的计算

本算法选取种群的适应度函数为 fitness＝1/distance，其中 distance 为所得可行路径上所有车辆的距离总和。适应度函数的计算过程中需要判断任一辆车的在任意节点是否满足约束条件，如果满足则将走过的距离累加求和，否则车辆返回配送中心，另一辆车从配送中心出发开始服务客户节点，使用的车辆数自动增加。适应度值计算的 Matlab 关键代码如下所示。

```
function [fitness，carNum，totalDis] ＝caleFitness （vecAns）
global VECOUT VECIN MATRIXJULI；
    vecOUTtmp＝VECOUT （vecAns）；
    vecINtmp＝VECIN （vecAns）；
    vecAnstmp＝vecAns；
    num＝0；
    carNum＝0；
    totalDis＝0；
    num _ total＝length （vecAns）；
    while （1）
        vecOUTtmp＝vecOUTtmp （num＋1：end）；
        vecINtmp ＝ vecINtmp （num＋1：end）；
        vecAnstmp ＝ vecAnstmp （num＋1：end）；
```

```
        num1  = rule1 _ 2 ( vecOUTtmp);

        num2 =   rule1 _ 2 ( vecINtmp);

        num3 =   rule3 ( vecINtmp，vecOUTtmp);

        num=min ( num1，min (num2，num3));

        carNum=carNum +1;

        vecAnsOUT=vecAnstmp (1：num);

        totalDis=totalDis + calcDist ( vecAnsOUT);

        num _ total=num _ total－num;

        if num _ total<＝0

                break;

            end

        end

    fitness=1/ (APCAR ＊ carNum ＋ BPDIS＊ totalDis);
```

11. 4. 3　选择操作

根据 10.2.4 基于排序的无放回多轮轮盘赌选择算子的设计方案，编写该算子的 Matlab 关键代码如下所示。

```
function matrix _ new=ga _ select (AnsMatrix，vecFitness)
global ANSNUM ZHANDIANNUM;

        vecFitness=vecFitness/sum ( vecFitness);

        maxFitness=max (vecFitness);

        index=find ( vecFitness ＝＝ maxFitness);

        MaxAns=AnsMatrix (index,：);

        [vecFitness，mindex] =sort (vecFitness，'descend');

        AnsMatrix=AnsMatrix (mindex,：);

        for k=1：ANSNUM   % show how many rows
```

```
        vecNum＝zeros（1，ANSNUM）；

        for j＝1：ANSNUM   ％ for each row，select max
number of  gailv

            randp＝rand（1）；

            for i＝1：ANSNUM

                if randp＜ vecFitness（i）

                    break；

                else

                    randp＝randp － vecFitness（i）；

                end

            end

            vecNum（i）＝ vecNum（i）＋1；

        end

        ［maxFitness，index］＝max（vecNum）；

        matrix_new（k，:）＝ AnsMatrix（index（1），:）；

    end

    vecfitness ＝ MatrixcaleFitness（matrix_new）

    ［minfitness，index］＝min（vecfitness）；

    matrix_new（index，:）＝ MaxAns（1，:）；
```

11.4.4 交叉操作

根据 10.2.5 关于匹配交叉算子的设计方案，编写该算子的 Matlab 关键代码如下所示。

```
function［newv1，newv2］＝ga_crossover（vector1，vector2）

newv1＝vector1；

newv2＝vector2；
```

```
n＝length（vector1）；

begin ＝ my _ random （n）；

endd＝my _ random （n）；

if（begin ＝＝ endd）

        return；

end

if（begin ＞ endd）

    big＝begin；

    begin＝endd；

    endd ＝ begin；

end

newv1＝vector2（begin：endd）；

newv2＝vector1（begin：endd）；

j＝endd － begin＋1＋1；

for i＝1：length（vector1）

        if（find（newv1 ＝＝ vector1（i）））

            continue；

        end

        newv1（j） ＝ vector1（i）；

        j＝j ＋1；

    end

j＝endd － begin＋1 ＋1；

for i＝1：length（vector1）

        if（find（newv2 ＝＝ vector2（i）））

            continue；

        end
```

```
        newv2 (j) = vector2 (i);

        j=j+1;

    end
```

11.4.5 变异操作

根据 10.2.6 关于逆转变异算子的设计方案，编写该算子的 Mat-lab 关键代码如下所示。

```
function vector1=ga_variation ( vector)

        vector1=vector;

        n=length (vector1);

        begin=  my_random ( n);

        endd=my_random ( n);

        if (begin == endd)

            return;

        end

        if (begin > endd)

            big=begin;

            begin=endd;

            endd=  begin;

        end

        temp=0;

        j=endd;

        for i= begin: endd

            temp=vector1 (j);

            vector1 (j) = vector1 (i);

            vector1 (i) = temp;
```

```
        i＝i＋1；
        j＝j－1；
        if（i＞＝j）
            break；
        end
        i＝i－1；
    end
```

11.4.6　解的表示

如 10.2.1 小节所述，基于遗传算法的 VRPSDP 染色体解的表示为一串代表不同客户节点排列顺序的数字序列。但只通过节点序列并不能反映出实际中车辆的安排情况，即安排几辆车访问哪些客户节点。因此，需要在输出解的序列中插入代表配送中心的标识"0"来分隔不同车辆的走行路径。插入"0"元素分隔不同车辆走行路径的 Matlab 关键代码如下所示。

```
function outvecAns＝OUTPUT（vecAns）
global APCAR BPDIS；
global VECOUT VECIN MATRIXJULI；
        outvecAns＝［］；
        vecOUTtmp＝VECOUT（vecAns）；
        vecINtmp＝VECIN（vecAns）；
        vecAnstmp＝vecAns；
        num＝0；
        carNum＝0；
        totalDis＝0；
        num _ total＝length（vecAns）；
```

```
outvecAns (1) = 0;

len＝2;

old _ len＝1;

while (1)

    vecOUTtmp＝vecOUTtmp (num＋1：end);

    vecINtmp  = vecINtmp (num＋1：end);

    vecAnstmp  = vecAnstmp (num＋1：end);

        num1 = rule1 _ 2 (vecOUTtmp);

        num2 = rule1 _ 2 (vecINtmp);

        num3 = rule3 (vecINtmp，vecOUTtmp);

        num＝min (num1, min (num2, num3));

    carNum＝carNum ＋1;

    vecAnsOUT＝vecAnstmp (1：num);

    totalDis＝totalDis ＋ calcDist (vecAnsOUT);％calc
one car distance

    num _ total＝num _ total－ num;

     outvecAns (len：len＋num －1) = vecAns (old _
len：old _ len＋num－1);

    len＝len＋num;

    old _ len＝old _ len＋num;

    outvecAns (len) = 0;

    len＝len＋1;

    if num _ total＜= 0

        break;

    end

end
```

11.5 求解结果分析

根据 10.2 小节设计的改进遗传算法，在 CPU 为 AMD Sempron 3200＋、内存为 1GB 的计算机上运行 Matlab 7.0 求解本部分所建立的 VRPSDP 模型可以得到最优目标函数值及相对应的最优车辆路径可行解。为了使得到的解更科学有效，本部分针对改进 R101 算例进行了五次仿真实验，每次仿真实验的结果见表 11-3，所取得的最优解如图 11-2 所示。

表 11-3　R101 改进遗传算法实验结果统计

实验序号	最　优　路　径	总车数	总距离	总成本	最优解跌代数
1	0—26—51—77—6—91—84—44—14—0 0—30—70—23—56—41—0 0—94—13—87—16—0 0—76—12—50—60—8—46—45—83—7—0 0—82—10—62—90—63—88—31—0 0—48—47—28—40—0 0—3—54—42—2—27—0 0—68—37—95—97—52—0 0—32—64—49—36—19—69—0 0—4—24—80—9—71—34—79—0 0—72—73—75—5—43—15—0 0—39—25—67—74—22—21—0 0—55—29—78—20—65—35—66—11—0 0—81—33—1—58—0 0—85—38—86—0 0—53—59—61—17—18—89—0 0—96—99—93—92—57—100—98—0	17	1 963	20 480	299

续　表

实验序号	最　优　路　径	总车数	总距离	总成本	最优解跌代数
2	0－79－12－59－99－16－0 0－73－22－4－55－72－0 0－39－67－75－56－53－0 0－31－18－62－10－63－82－0 0－45－44－98－92－43－15－41－6－0 0－19－48－86－17－46－7－0 0－28－9－30－90－88－95－97－0 0－2－96－37－38－13－0 0－1－80－81－33－52－69－26－0 0－5－94－91－14－100－60－0 0－35－71－66－20－3－77－76－0 0－27－24－25－29－54－89－0 0－83－84－61－87－40－58－0 0－68－78－34－65－50－51－0 0－70－42－57－23－74－21－0 0－8－47－64－11－32－0 0－49－36－85－93－0	17	1 985.9	20 709	297
3	0－83－92－100－98－7－18－0 0－96－5－84－82－1－0 0－39－4－41－22－56－12－0 0－42－94－37－86－45－0 0－50－20－71－30－33－26－0 0－27－78－66－35－34－54－0 0－81－65－32－31－0 0－36－49－64－90－93－87－6－0 0－62－10－63－11－47－46－17－0 0－16－85－44－43－57－0 0－38－14－75－25－55－58－0 0－2－15－67－74－72－0 0－68－73－95－13－40－0 0－69－70－51－80－24－29－77－9－88－52－0 0－28－97－59－21－23－0 0－48－19－8－60－61－91－99－0 0－76－79－3－53－89－0	17	1 960.1	20 451	235

续 表

实验序号	最 优 路 径	总车数	总距离	总成本	最优解跌代数
4	0—75—22—56—25—37—43—0 0—61—95—97—87—0 0—49—47—48—70—0 0—10—11—64—36—45—6—62—63—90—0 0—8—46—17—60—99—5—82—19—1—0 0—68—80—35—24—76—26—0 0—44—86—84—83—89—18—0 0—50—12—55—4—72—0 0—59—100—40—2—23—74—0 0—38—14—96—94—0 0—85—91—92—93—98—41—15—0 0—28—67—39—29—53—0 0—81—51—20—66—32—0 0—27—88—52—69—30—31—7—0 0—73—57—42—13—16—0 0—79—71—34—3—77—33—0 0—65—9—78—54—21—58—0	17	1 964.6	20 496	286
5	0—72—25—67—56—0 0—93—61—16—17—36—18—89—0 0—27—9—65—71—20—70—0 0—47—19—11—46—8—60—97—0 0—94—96—14—100—0 0—76—77—1—69—53—0 0—68—78—24—81—75—21—0 0—3—80—79—33—66—35—51—0 0—52—59—57—74—22—40—98—0 0—95—2—5—86—0 0—48—82—83—0 0—85—84—62—63—88—0 0—87—42—15—38—43—37—6—0 0—39—23—73—41—26—29—0 0—28—49—64—10—7—0 0—31—30—32—90—58—0 0—13—34—55—4—54—0 0—50—12—44—91—92—99—0	18	1 978.3	20 683	184
平均值	——————————————————————	17.2	1 970.38	20 563.8	260

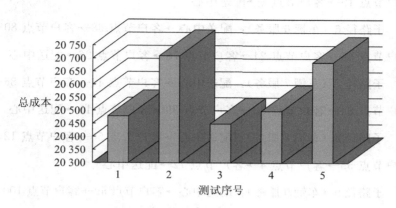

图 11-2　五次实验最优解比较

　　通过表 11-3 和图 11-2 可以发现，五次仿真实验得到的平均运输距离为 1 970.38，平均启用车辆数为 17.2，平均最优目标函数值为 20 563.8，取得最优目标函数值的平均迭代次数为 260 代。其中第三次实验得到的最优解最佳，目标函数值为 20 451，其最优车辆路径安排方案如图 11-3 所示，方案描述如下：

　　子路径 1（车辆 1 服务）：配送中心→客户节点 75→客户节点 22→客户节点 56→客户节点 25→客户节点 37→客户节点 43→配送中心

　　子路径 2（车辆 2 服务）：配送中心→客户节点 61→客户节点 95→客户节点 97→客户节点 87→配送中心

　　子路径 3（车辆 3 服务）：配送中心→客户节点 49→客户节点 47→客户节点 48→客户节点 70→配送中心

　　子路径 4（车辆 4 服务）：配送中心→客户节点 10→客户节点 11→客户节点 64→客户节点 36→客户节点 45→客户节点 6→客户节点 62→客户节点 63→客户节点 90→配送中心

　　子路径 5（车辆 5 服务）：配送中心→客户节点 8→客户节点 46→客户节点 17→客户节点 60→客户节点 99→客户节点 5→客户节点 82→

客户节点 19→客户节点 1→配送中心

子路径 6（车辆 6 服务）：配送中心→客户节点 68→客户节点 80→客户节点 35→客户节点 24→客户节点 76→客户节点 26→配送中心

子路径 7（车辆 7 服务）：配送中心→客户节点 44→客户节点 86→客户节点 84→客户节点 83→客户节点 89→客户节点 18→配送中心

子路径 8（车辆 8 服务）：配送中心→客户节点 50→客户节点 12→客户节点 55→客户节点 4→客户节点 72→配送中心

子路径 9（车辆 9 服务）：配送中心→客户节点 59→客户节点 100→客户节点 40→客户节点 2→客户节点 23→客户节点 74→配送中心

子路径 10（车辆 10 服务）：配送中心→客户节点 38→客户节点 14→客户节点 96→客户节点 94→配送中心

子路径 11（车辆 11 服务）：配送中心→客户节点 85→客户节点 91→客户节点 92→客户节点 93→客户节点 98→客户节点 41→客户节点 15→配送中心

子路径 12（车辆 12 服务）：配送中心→客户节点 28→客户节点 67→客户节点 39→客户节点 29→客户节点 53→配送中心

子路径 13（车辆 13 服务）：配送中心→客户节点 81→客户节点 51→客户节点 20→客户节点 66→客户节点 32→配送中心

子路径 14（车辆 14 服务）：配送中心→客户节点 27→客户节点 88→客户节点 52→客户节点 69→客户节点 30→客户节点 31→客户节点 7→配送中心

子路径 15（车辆 15 服务）：配送中心→客户节点 73→客户节点 57→客户节点 42→客户节点 13→客户节点 16→客户节点配送中心

子路径 16（车辆 16 服务）：配送中心→客户节点 79→客户节点 71→客户节点 34→客户节点 3→客户节点 77→客户节点 33→配送中心

子路径 17（车辆 17 服务）：配送中心→客户节点 65→客户节点 9→

客户节点 78→客户节点 54→客户节点 21→客户节点 58→配送中心

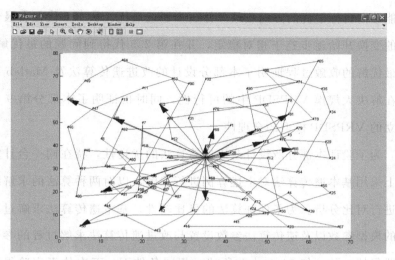

图 11-3　最优车辆路径安排方案

根据第三次实验得到的计算结果，可以得出算法在迭代过程中求解的收敛轨迹，如图 11-4 所示。

图 11-4　最优解迭代过程

从图 11-4 可以看出，在计算的开始阶段，由于初始解是随机生成的，不能保证解的性能，因此得到的初始解的取值往往较大，不符合

运输成本最小的目标。随着迭代的进行，遗传算法的搜索机制保证了解能够向目标最优的方向收敛，并逐步逼近最优。从 155 代左右最优解的变换开始逐步趋于相对稳定，并在第 235 代得到问题的最优解。该最优解的收敛过程证明了本部分设计的改进遗传算法及 Matlab 程序在解决大规模 VRPSDP 中的可行性，同时也证明了本部分第 9 章建立的 VRPSDP 模型的合理性。

为了验证本部分所设计改进遗传算法的优良性，特在同一台计算机上采用基本遗传算法对上述算例进行求解，以对两种算法的求解结果进行对比分析。为了保证算法的可比较性，基本遗传算法求解过程中的模型参数以及遗传算法参数设置与改进遗传算法求解过程的参数设置保持一致，如 11.3 小节所述。相同条件下，五次仿真实验得到的基本遗传算法最优求解结果及路径分配方案分别见表 11-4 和图 11-5，两种算法最优解收敛过程对比如图 11-6 所示。

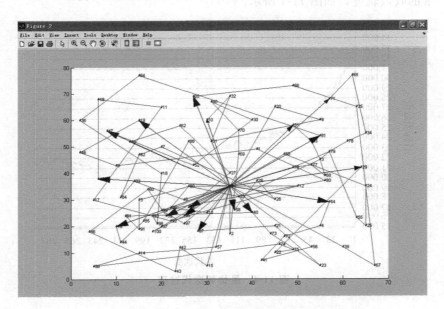

图 11-5 改进遗传算法最优车辆路径安排方案

表 11-4　R101 基本遗传算法实验结果统计

最优路径	总车数	总距离	总成本	最优跌代数
0—10—32—31—9—20—0				
0—71—65—34—78—79—55—25—24—50—0				
0—51—33—3—68—77—76—0				
0—29—22—75—74—38—14—57—0				
0—54—4—72—41—56—0				
0—40—61—91—5—89—96—13—0				
0—45—49—11—17—92—12—0				
0—87—21—23—73—0				
0—47—52—30—90—70—69—2—0	17	2 280.2	23 652	239
0—94—27—62—48—0				
0—63—66—35—67—39—0				
0—81—64—36—18—98—93—0				
0—16—44—85—88—0				
0—19—46—8—1—80—53—99—97—0				
0—59—60—86—43—42—15—0				
0—58—28—26—7—82—84—83—6—0				
0—95—100—37—0				

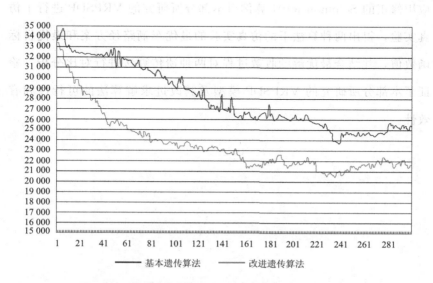

图 11-6　改进遗传算法最优车辆路径安排方案示意图

通过图 11-6 可以看出，基于传统轮盘赌选择算子的算法波动相对较大，收敛速度慢，233 代左右才开始趋于相对稳定。而本部分采用的基于排序的多轮轮盘赌选择算子在算法性能上得到了提高，相对基本轮盘赌算子收敛速度较快，在 155 代左右开始趋于相对收敛状态。此外，改进遗传算法所求得的最优目标函数值也更为理想，符合实际低运输成本的需求。因此，本部分设计的改进遗传算法相对于基本遗传算法具有更好的性能，算法具有有效性和可行性。

11.6　本章小结

本章在第 10 章算法设计的基础上，通过 Matlab 编程分别实现了基于基本遗传算法以及本部分设计的改进遗传算法的模型求解过程，应用修正的 Solomon R101 算例对本部分所研究的 VRPSDP 进行了仿真实验，得出两种算法下的仿真实验的最优车辆路径方案和最优目标函数值，并结合最优解的收敛过程对两种遗传算法进行对比分析，验证了本部分所研究的 VRPSDP 模型及其改进求解算法的可行性和有效性。

12   总结与展望

随着我国经济的增长和服务业的快速发展，物流对社会经济发展和人民生活水平的提高起着越来越重要的作用。车辆路径问题作为各种运输方式在日常运输营运管理工作中需要面对的共同问题，是运输组织优化的核心问题，在物流配送运输线路优化选择中尤其突出。根据车辆运输过程中考虑的约束因素的不同，车辆路径问题可以分为基本车辆路径问题、带时间窗的车辆路径问题、带回程取货的车辆路径问题和同时带取货和送货的车辆路径问题等几大类。本部分针对同时带取货和送货的车辆路径问题进行了研究，研究成果与进一步研究展望如下所述。

12.1   研究工作总结

本部分在对车辆路径问题的组成及分类综述研究的基础上，重点对同时带取货和送货的车辆路径问题模型及其求解算法进行了研究，主要研究内容总结如下。

第一，在国内外关于车辆路径问题的研究基础上，分析概括了车辆路径问题的描述、组成要素以及分类等，并对不同类别的车辆路径

问题进行概述与对比。

第二，分析了车辆路径问题几种主要的求解算法，主要介绍了启发式算法以及人工智能算法。通过对几种算法的定性比较，确定了采用遗传算法作为本部分研究的同时带取货和送货的车辆路径问题的求解算法，并对遗传算法的基本操作、算法步骤以及算法特点等进行了介绍。

第三，考虑到车辆启用数量和车辆运输总距离对运输总成本的影响，建立了以运输成本最小为目标的 VRPSDP 数学模型，设计了更适合求解车辆路径问题的遗传算法染色体编码方式以及遗传算子，保证了迭代过程中染色体的有效性。

第四，通过 Matlab 编程实现了基于基本遗传算法以及改进遗传算法的模型求解过程，应用修正的 Solomon R101 算例对本部分所研究的 VRPSDP 问题进行了仿真实验，得出两种算法下仿真实验的最优车辆路径方案和最优目标函数值，并结合最优解的收敛过程对两种遗传算法进行对比分析，验证了本部分所研究的 VRPSDP 模型及其改进求解算法的可行性和有效性。

12.2　进一步研究展望

同时带取货和送货的车辆路径问题是基本车辆路径问题的延伸和扩展，实际中需要考虑的约束因素很多，本部分主要对该问题的基本部分进行了研究，仍有许多问题有待进一步深入研究。本部分需要进一步改进和深化研究的内容包括以下几个方面。

第一，本部分建立的 VRPSDP 数学模型只考虑到了车辆负载限制

这一重要和基本的约束因素，模型相对理想化。实际情况中的一些特殊约束，如客户服务时间、车辆行驶的最大行程等因素都是需要考虑的。

第二，本部分研究的 VRPSDP 假设车辆的最大载重量大于任意客户节点的送货和取货需求，即可以满足一个客户节点只由一辆车服务且只被服务一次。如果车辆的最大载重量小于某一客户节点的送货和取货需求量，则需要安排两辆或更多的车辆来服务同一客户节点，这就涉及如何安排合理车辆，使得车辆按照一定的规则共同服务于某一运输区域，即带协作的车辆路径问题。相比传统的单一客户由一辆车访问的情形，带协作的车辆路径问题在建立模型和计算求解中更为复杂，需要进一步的研究。

第三，本部分所研究的 VRPSDP 的前提是目标客户、客户位置以及取送货需求均精确已知，但是在现实生活中这些参数可能是模糊的甚至是随机变化的，因而模糊参数条件下的 VRPSDP 值得更深层次的研究。

第四，本部分设计的遗传算法的交叉概率和变异概率均为定值，虽然最终的算法效果还比较满意，但是理论上存在陷入局部最优解的可能，因此今后的研究可以从自适应策略的角度对遗传算法进行改进。另外，由于时间有限，本部分并没有广泛应用多种优化算进行法求解，对不同的算法性能进行对比分析，从而得出解决 VRPSDP 的最佳算法，因此，对求解算法的研究是今后关于 VRPSDP 研究的一个重要方向。

参考文献

第一部分参考文献：

[1] Neil J. Pedersen et al. Statewide Transportation Planning [R]. Report presented at Conference on Statewide Transportation Planning. Transportation Research e-circular. Girdwood, Alaska, 1999: 86—95.

[2] Chaug-Ing Hsu, Yuh-Horng Wen. Application of grey theory and multiobjective programming towards airline network design [J]. European Jouenal of Operation Research, 2000, (127): 44—68.

[3] Teodor Gabriel Crainic. Service network design in freight transportation [J]. European Jouenal of Operation Research, 2000, (122): 272—288.

[4] Luis Gouveia, Jose Manuel Pires. Models for a Steiner ring network design problem with revenues [J]. European Jouenal of Operation Research, 2001, (133): 21—31.

[5] Q. Meng, H Yang, M GH. Bell, An equivalent continuously differentiable model and a locally convergent algorithm for the continuous network design problem [J]. Transportation Research PatrB, 2001, (35): 83—105.

[6] 刘灿齐. 现代交通规划学 [M]. 北京：人民交通出版社，2001.

[7] Gwo-Hshiung Tzeng, Sheng-Hshiung Tsaur. Application of Multiple Criteria Decision Making for Network Improvement [J]. Journal of advanced transportation, 1997, 31 (1): 49—74.

[8] Chen M, Alfa A S. A network design algorithm using astochsatic incremental

traffic assignment approach ［J］. Transportation Science，1991，（25）：215—224.

［9］ LeBlanc L. J. An algorithm for the discrete network design problem ［J］. Transportation Science，1975，(9)：183—199.

［10］ Jeffrey Dvorett. Compatibility-Based Genetic Algorithm：A New Approach to the P-Median Problem ［J］. Transportation Science，1999，（33）：268—280.

［11］ Poorzahedy P，Tumquist M A. Approximate algorithms for the discrete network design problem ［J］. Transportation Research B，1982，(16)：45—56.

［12］ Boyce D. E，Janson B N. Adiscrete transportation network design problem with combined trip distribution and assignment ［J］. Transportation Research B，1998，(14)：147—154.

［13］ Yang H，Bell M GH. Models and algorithms for road network design：a review and some new developments ［J］. Transport Review，1998a，（18）：257—278.

［14］ Yang H，Meng，Q. Highway pricing and capacity choice in a road network under a build-operate-transfer scheme ［J］. Transportation Research A，2000，(34)：207—222.

［15］ Marcote P，Marquis G. Eficient implementation of heuristic for the continuous network design problems ［J］. Annals of operation research，1992，(34)：163—176.

［16］ Sanjay Melkote，Mark S. Dsakin. An integrated model of facility location and transportation network design ［J］. Transportation Research Part A，2001，(35)：515—538.

［17］ 陈小鸿，林航飞. 基于目标—评价分析的公路网规划方法 ［J］. 交通运输工程学报，2001，1 (2)：83—87.

［18］ 程苏沙. 区域公路网规划总量控制法的流量分配理论与实践 ［D］. 长沙：

长安大学，1996.

[19] 杨涛. 公路网规划 [M]. 北京：人民交通出版社，1996.

[20] 余国才. 总量控制法的公路网络规划系统研究 [D]. 西安：长安大学，1995.

[21] 凌坚，汪春华. 公路网布局方法探讨 [J]. 公路，1997 (4)：20—23.

[22] 刘晖. 县乡公路网络优化设计方法研究 [D]. 南京：东南大学，1998.

[23] 程苏沙. 公路网规划系统分析 [J]. 交通工程，1998 (1)：10—13.

[24] 盖春英. 公路网规划布局优化研究 [D]. 哈尔滨：哈尔滨工业大学，2003.

[25] 金凤阁，贾正锐，赵淑芝，等. 吉林地区公路运输需求 [J]. 吉林工业大学学报，1997，27 (1)：91—95.

[26] 裴玉龙，张树升. 区域干线公路网规划理论的研究 [J]. 哈尔滨建筑大学学报，1995，28 (2)：106—114.

[27] 王晓坷，陈东峰，李书波. 目标规划法确定吉林省省域公路网 2000 年各等级公路的合理配置 [C]// 中国交通工程学会. 全国公路网规划研讨会论文集（第三届）. 合肥，1994：67—74.

[28] 胡文友，李爱军，等. 公路网规划方案综合评价实用方法研究 [J]. 公路交通科技，2001 (3)：106—108.

[29] 邹志云，李硕. 公路网规划方案的灰色系统评价 [J]. 中南公路工程，2000，25 (3)：76—78.

[30] 朱辉. 区域干线公路网规划布局方案评价方法研究 [D]. 长春：吉林大学，2006.

[31] 熊伟. 农村公路网布局规划方法研究 [D]. 南京：东南大学，2003.

[32] 邝青梅. 经济发达地区市域公路网布局规划与评价研究 [D]. 哈尔滨：哈尔滨工业大学，2006.

[33] 裴玉龙. 公路网规划 [M]. 北京：人民交通出版社，2004.

[34] 任福田，刘小明，荣建. 交通工程学 [M]. 北京：人民交通出版社，2003.

[35] 邵春福. 交通规划原理 [M]. 北京：中国铁道出版社，2004.

[36] 杨涛．公路网规划［M］．北京：人民交通出版社，1996.

[37] 关昌余．国家高速公路网规划（2002年度报告）［R］．交通部规划研究院，2002：87—91.

[38] 王炜，邓卫，杨琪，等．公路网络规划建设与管理方法［M］．北京：科学出版社．2001.

[39] 王炜，徐吉谦，杨涛，等．城市交通规划理论及其应用［M］．南京：东南大学出版社，1998.

[40] 吴文江，袁仪方．实用数学规划［M］．北京：机械工业出版社，1993.

[41] 谢可新，韩立兴，林友联．最优化方法［M］．天津：天津大学出版社，1997.

[42] 余俊，廖道训主编．最优化方法及其应用［M］．武汉：华中工学院出版社，1984.

[43] 黄海军．城市交通网络平衡分析理论与实践［M］．北京：人民交通出版社，1994.

[44] 朱顺应，王红，李关寿．公路网规划评价指标选取［J］．重庆交通学院报，2002，21（2）：28—32.

[45] 陈江红，黎岩，宗传荃．县道公路网规划评价指标分析［J］．长安大学学报，1999，19（2）：27—30.

[46] 罗丽君，裴玉龙，张庆双．地方公路网规划评价指标体系的探讨［J］．东北公路，1999，22（1）：85—88.

[47] 朱顺应．公路网规划建设评价及关键技术研究［D］．南京：东南大学，1999.

[48] 聂伟．都市圈道路网络优化及其评价理论研究［D］．北京：北京交通大学，2007.

[49] 成峰，姜克非，郭栋梁．基于遗传算法的城市混合型路网设计问题研究［J］．计算机应用，2007，27（2）：466—469.

[50] 雷英杰，张善文．MATLAB遗传算法工具箱及应用［M］．西安：西安电子

科技大学出版社，2005.

[51] 盛昭瀚，曹忻. 最优化方法基本教程 [M]. 南京：东南大学出版社，1992.

[52] 王小平，曹立明. 遗传算法：理论、应用与软件实现 [M]. 西安：西安交通大学出版社，2002.

[53] 玄光男，程润伟. 遗传算法与工程优化 [M]. 北京：清华大学出版社，2004.

[54] 朱剑英. 智能系统非经典数学方法 [M]. 武汉：华中科技大学出版社，2001.

[55] [美] 享塞尔曼. 精通 Matlab 7 [M]. 朱仁峰，译. 北京：清华大学出版社，2006.

[56] 高永亮. 东北地区运输通道整合研究 [D]. 北京：北京交通大学，2006.

第二部分参考文献：

[1] Min H. The multiple vehicle routing problems with simultaneous dilivery and pick-up points [J]. Transportation Research，1989，23A：377—386.

[2] Halse K. Modeling and solving complex vehicle routing problems [D]. Institute of Mathematical Statistics and Operations Research. Technical University of Demark，1992.

[3] Gendreau M，Laporte G，Vigo D. Heuristics for the travelling salesman problem with pickup and delivery [J]. Computers and Operations Research，1999，26：699—714.

[4] Dethloff J. Vehicle routing and reverse logistics：the vehicle routing problem with simultaneous delivery and pick-up [J]. OR Spektrum，2001，23：79—96.

[5] Tang F A，Galvao R D. Vehicle routing problems with simultaneous pick-up and delivery service [J]. Journal of the Operational Research Society of India (OPSEARCH)，2002，39：19—33.

[6] Tang F A，Galvao R D. A tabu search algorithm for the vehicle routing problem with simultaneous pick-up and delivery service [J]．Computer & Operations Research，2006，33：595—619．

[7] Angelelli E，Mansini R. The vehicle routing problem with time windows and simultaneous pick-up and delivery [J]．Quantitative approaches to distribution logistics and supply chain management series. Lecture Notes in Ecnomics and Mathematical Systems，2002：249—267．

[8] Casco D O，Golden B L，Wasil E A. Vehicle routing problem with backhauls：models，algorithms，and case studies [J]．Vehicle Routing：Methods and Studies，1988：127—147．

[9] Clarke G，Wright J W. Scheduling of vehicles from a central depot to a number of deliver points [J]．European Journal of Operational Research，1989，42：39—51．

[10] Golden B，Baker E，Alfaro J，Schaffer J. The vehicle routing problem with backhauling：two approaches [J]．Proceedings of the Twenty-First Annual Meeting of S. E. TIMS，1985：90—92．

[11] Salhi S，Nagy G. A cluster insertion heuristic for single and multiple depot vehicle routing problems with backhauling [J]．Journal of the Operational Research Society，1999，50：1034—1042．

[12] 隆颖．用遗传算法求解带回程取货的车辆路径问题 [J]．辽宁师专学报，2005，7(3)：85—88．

[13] 谢如鹤，刘霆，邱祝强．基于剩余装载能力的逆向物流车辆路径问题 [J]．系统工程，2004，22(10)：20—23．

[14] 彭春林，梁春华，周泓．求解同时取货和送货车辆路径问题的改进遗传算法 [J]．系统仿真学报，2008，20(9)：2266—2270．

[15] 张涛，田文馨，张玥杰，等．带车辆行程约束的 VRPSPD 问题的改进蚁群算法 [J]．系统工程理论与实践，2008，28(1)：132—140．

[16] 陆琳，谭清美．基于自感应蚁群算法的 VRPSDP 问题研究［J］．中国管理科学，2007，15（2）：97—102．

[17] 郭耀煌，李军．车辆优化调度［M］．成都：成都科技大学出版社，1994．

[18] 符卓．开放式车辆路径问题及其应用研究［D］．长沙：中南大学，2003．

[19] Bordin L，Golden B，Assad A，Ball M. Routing and scheduling of vehicles and crews［J］．Computers and Operations Research，1983：62—211．

[20] Renaud J，F Boctor F，Laporte G. A fast composite heuristic for the symmetric traveling salesman problem［J］．Informs journal on computing，1996：134—143．

[21] B A Foster，D M RYAN. An integer programming approach to the vehicle scheduling problem［J］．Operations Research Quarterly，1976：367—384．

[22] M Ryan D，Hjorring C，Glover F. Extensions of the petal method for vehicle routing［J］．The journal of operation research society，1993：289—296．

[23] Thompson PM，Psaraftis HN. Cyclic transfer algorithms for the multivehicle routing problems［J］．Operation research，1993：498—516．

[24] Taillard E，Badeau P. A tabu search heuristic for the vehicle routing problem with soft time windows［J］．Transportation science，1997：170—186．

[25] Gendreau M，Hertz A，Laporte G. A tabu search heuristic for the vehicle routing problem［J］．Management science，2001：1276—1290．

[26] Gordeau J-F，Laporte G，Mercier A. A unified tabu search heuristic for vehicle routing problems with time［J］．Journal of operational research society，2001：928—936．

[27] Tavakkoli-Moghaddam R，Safaei N，Gholipour Y. A hybird sumulated annealing for capacitated vehicle routing problems with the independent route length［J］．Applied mathematics and computation，2006：445—54．

[28] Attahiru S A. A 3-opt based simulated annealing algorithm for vehicle routing problems［J］．Computers & Industrial Engineering，1991：635—639．

[29] 杨燕旋，宋士吉．车辆路径调度问题的启发式算法综述［EB/OL］．中国科技论文在线．（2008-04-17）［2015-11-19］．http：//www. paper. edu. cn.

[30] 雷英杰，张善文，李绪武，等．MATLAB 遗传算法工具箱及应用［M］．西安：西安电子科技大学出版社，2005.

[31] 邱平．车辆路径问题研究［D］．大连：大连海事大学，2007.

[32] 周森．基于遗传算法的物流运输中的车辆路径问题研究［D］．北京：对外经济贸易大学，2005.

[33] 王小平，曹立明．遗传算法：理论、应用与软件实现［M］．西安：西安交通大学出版社，2002.

[34] 李仁安，袁际军．基于改进遗传算法的物流配送路线优化研究［J］．武汉理工大学学报，2004，26(12)：99—101.

[35] Marius M. Solomon. Algorithms for the vehicle routing and scheduling problems with time window constranints［J］．Operations Research，1987(35)：254—265.

[36] 邓爱民，周彦霆，毛超，等．集配货一体化 VRP 问题的具记忆功能的模拟退火算法研究［J］．湖南大学学报，2008，22(3)：55—58.

[37] 吴升，王钦敏，彭国勇，等．基于改进遗传算法的多约束 VRP 求解［J］．测绘科学技术学报，2006，23(6)：396—399.

[38] 杜明，王江晴．遗传算法在车辆路径问题中的应用与实践［J］．控制理论与应用，2007，26(6)：10—12.

[39] 丁源，李引珍．带有能力约束的 VRP 的一种遗传算法［J］．兰州大学学报，2005，24(6)：123—126.

[40] 陈大立，薛东彬，王彦林，等．用遗传算法解决货运物流配送问题［J］．科技咨询导报，2007(18)：156.

[41] 杨世达，李庆华，阮幼林．改进遗传算法全局收敛性分析［J］．计算机工程设计，2005，26(7)：1695—1697.

[42] 符一平，陈光喜．一种求解 TSP 问题的改进遗传算法［J］．桂林电子科技

大学学报，2007，27（4）：287—290.

[43] 史玉敏. 物流配送环节中车辆路径问题的研究 ［D］. 济南：山东师范大
学，2007.

[44] 盛倩蓉. 基于改进遗传算法的车辆路径问题研究 ［D］. 武汉：武汉理工大
学，2006.

[45] 晏梦君. 遗传算法在配送线路优化系统中的应用 ［D］. 长春：吉林大
学，2007.

[46] 王美琼. 遗传算法在物流配送路径规划问题中的应用 ［D］. 南京：南京理
工大学，2006.

[47] 彭国勇，吴升. 时间窗约束车辆路径问题求解的遗传模拟退火算法 ［J］. 测
绘科学，2007，23（6）：107—109.

[48] 姜昌华. 遗传算法在物流系统优化中的应用研究 ［D］. 上海：华东师范大
学，2007.